現代社会と超越的世界

大里　巖

溪水社

はじめに

二十世紀を振り返ってみても、現代社会が激動の時代であったことが感得される。科学と技術が加速度的に進歩し、貧富の差を増幅しながらも、経済の成長には眼をみはるものがあり、豊かな社会が現実のものとなった。他方、広島、長崎への原爆投下で始まった核の脅感、アウシュビッツに象徴される大規模でかつ残酷な戦争の時代でもあった。さらに進歩と開発のつけとしての地球規模の環境破壊が進んでいる。

激しい社会変化がもたらしたものは、経済現象や物質文化の領域だけにその結果があらわれているだけではなく、精神分野にもおよんでいる。価値観の変化は、家庭生活をはじめとして、日常生活にもさまざまな問題を引き起こしている。豊かさとはうらはらに、荒廃した現代社会の一面が浮かび上がってくる。

先進諸国に目を向けた場合、物質的繁栄の陰に人間関係のひずみや個人の精神的荒廃や困惑が見え隠れしている。自分を支えているはずの社会的地位や能力や物質的基盤だけでは幸せになることはできず、人間存在そのものが抱えている不安定性を克服することもできない。社会はといえば、楽園には程遠く、争いと不協和に人々は息絶え絶えになっている。物質的繁栄すら昨今では陰りを見せている。不満と怒りと不寛容が家庭の団欒をぶち壊し、社会の絶えざる摩擦が紛争や戦争に発展していく。発展途上国の貧しさとそれを生み出す先進国への鬱憤も紛争の引き金になっている。それでも豊かな国は貧しい国のプロテストを脅かしととらえ、抑止に臨むことがあっても、貧困と絶望に対しては無関心を決め込む。

発展の陰で人間の根源的問題、「幸福であること」が達成されていない。ここでいう幸福とは、物質的満足感にとどまらず身も心も平安のうちにあるということ、癒され、救われたという心境である。この観点に立って現代社会を見つめなおした場合、その現代社会において、もっとも注目すべき変化は、先進諸国に顕著な、人々の宗教離れではないだろうか。過去の時代に目を向けると、日常生活の隅々まで、宗教が浸透していたことを認めることができる。いうなれば人間の生活には、神や仏への祈願が欠かせないものであった。現代では人間の生存にとって必要なすべての事柄が人間自身の手で解決でき、獲得できると考えられている。しかしそれを実現する場としての社会は、それほどに完璧な装置であろうか。

現代人の限界は、目に見える世界がすべてであると規定するところにある。時空を越えた世界、超越的な世界の存在を架空とするところに現代人と現代社会の最大の問題が潜んでいる。

苦しいときの神頼み的祈願を除いて、なるほど創造主としての根源的存在を信じ、帰依し、生活のすべてにわたって、その存在の足跡を認めるということは、現代人の精神構造にはなじまないという主張が聞こえてきそうである。実は筆者自身がそれに対して強く反論できない弱みを感ずる。現代という時代にあって、神や仏を信じることは容易なことではないというのは、一面の真実である。しかしそれでこの世に生を受けた人間は救われうるのか。答えは「否」である。現代という時代の社会事象を眺めれば眺めるほど、閉塞感を禁じえない。だからこそ地平のかなたに、目に見えない世界が実在し、そこに私という存在を保障している根源的存在を信じたいのである。キリスト教では「神の国の接近」という表現で、この世への超越的世界の融合を理解している。現実には、破綻と見える現代社会に、未来に向けて思いがけない形で、見えない世界からの救いの手が差し伸べられるということである。それは個人のレベルでも、社会のレベルでも起こりうることであり、調和した世界という、人間の理想が実現するという確かな希望をいだかせてくれる出来事でもある。本書では、一方で現実社会の諸相の分析を試みながら、そのほころびを埋め、人間の世界をあるべき姿に変える可能性としての「神の国の接近」を示唆し、いうなれば宗教社会学的見地から、現代社会における超越的世界の意義を論じてみたい。

現代社会と超越的世界　目　次

「神の支配」の現実性

創造的人間と日常性

消費社会の構造的不安

社会の組織化と個人の能力

地球社会と時代の転換

「豊かな社会」の倦怠《アンニュイ》

「消費」に見る豊かさの虚構

まず「見ること」を学ばねば

世界社会の視野における平和

近代社会の合理的精神と『モモ』に描かれた時間

ナチス政権下における教会の対応とグラフ・フォン・ガレン司教の抵抗運動

現代社会と超越的世界

現代における神の場

一　世俗外禁欲主義

西洋社会における宗教的無関心層の増大という現象の背後にあるものを突き詰めてみると、少なくとも一つの事実を認めなければならなくなる。つまり現代の人間にとっては、宗教が実生活そのものにとって、過去の時代にそうであったような緊張関係を、もはや有していないように思えるということである。より端的に言うならば、神を信仰するということが、あるいは彼岸の世界への憧憬が、生活を実践する上で不可欠のものであるとは考えられなくなってきているということである。キリスト教世界におけるこうした宗教観の帰結は、過渡的現象だと言えなくはないが、やはり必然性をもっており、その萌芽は遡った時代に求められなければならないであろう。

西洋における宗教意識の決定的な転換の契機は、中世から近代への移行過程のなかにあると言えよう。環境への適応とその制御を目的として構築されてきた人間の文化が、自然的世界に緩やかな速度で改良を加え、これを人間的世界、社会的世界に変えつつあったが、中世人に体験された世界は依然として、第一義的には「自然」であるところの世界であった。このような世界は、人間に受動的な適応を強いる、未知と威力に満ち、神秘を宿す天と大地にほかならない。世界は人間の誕生する以前にすでに永遠の昔から存在し、人間はこれを、単に与えられた現実として宿命的に受け入れねばならなかった。その条件のもとで営まれる生活に急速な変化を望むべくもなく、現世での生活は彼岸への憧憬によって規定せざるをえなかった。つまり人生の目標は彼岸に至ることであり、現世への関心からは解放されなければならない。キリスト教的救済も、主としてこの意味で理解されたのであり、M・ヴェーバーのいう世俗外禁欲主義は中世的信仰を象徴するものであった。

ホイジンガはこうした中世人の生活志向を、世界そのものの改良と完成を目指す近代以降の生活志向と対比させ、「社会、国家の諸制度を改良し、改革しようとのはっきりした志向は、この時代、いまだ知られず、思考および行動の起動ばねとなっていなかった。定められた職業で義務を果たすこと、これがただひとつ、世界に益する道であり、その道の導くところは、けっきょくは、彼岸の世界であった」[1]と述べているが、こうした世界観のもとでは、彼岸の神、天上の神に対する信仰と、その信仰にもとづいて現世の生活を秩序づけるということは、きわめて自然のことであったろう。

二　手段になった神

しかし近代以降、人々の視野から自然的世界が徐々に後退していく様が、かつてなかった程に自覚されるようになる。つまりこの時期に、自然を蔽っていた神秘のベールが、急激に剥ぎとられていく。自然法則の発見を基礎に、科学と技術が加速度的に進歩し、医療を発達させ、経済を改善していく。社会の諸制度が合理性の追及により完備されていく。こうして世界はますます神の足跡によるよりも、人間の足跡によって刻印されるようになる。現世における営為を、自然に条件づけられた宿命的なものとする考え方が放棄され、近代のヨーロッパ人は、自己の生活環境である現世的世界を、より安定したものとするために、自己の能力と努力による世界の改善を第一義的なものと考えるようになる。こうした意識の変革に応じ、自然の神秘と威力は縮小していくだけではなく、ますます人間の視野から遠ざかり、それとともに「神の場」も稀薄になっていった。

勿論、自然的世界から人間的世界への転換が直ちに西洋人の信仰を揺がしたわけではない。しかし自然に対峙する人間の限界性と、それを止揚する、超自然的な、彼岸的な「神の場」を前提とするかぎり、近代以降の信仰がかなり脆弱な基盤の上に立つことになったという事実は否めない。つまり、当面、理性的な認識によっては解明できない、あるいは文化的営為によっては解決できない、現実世界の事象を説明するために、神は、場を与えられるという結果になっていった。W・カスパーはこうした神のとらえ方を、〝神を、解明されていない事態の穴埋めに利用すること〟と断じ、つぎのように述べる。「神の現実性は、ますます〝自然的〟経験の彼方に設定されるようになった。神は、ますます、この世界を離れ、この世界も、ますます、神を見失ってしまった。そして、このような、穴埋めに利用された神は、もはや、神ではなく、偶像である。このような神は、もはや、あらゆる現実の普遍的な主ではなく、人間の願望を充たし、その実現を手助けするものにすぎない。この神は、我々が万策つきたところに設定されたものである。こうして、神は、たんなる手段にまで引き下げられ、現実世界を、人間の認識によって支配するための手段にされてしまった」(2)。

三　社会システムと合理化

ところで、近代に端を発した信仰の場の転換が、現代の西洋社会のキリスト者に信仰の危機として受けとられているのだが、われわれの疑問は、それでは現代における神の場はどこに見出されるべきなのかということである。これはキリスト教社会で問題になっている「信仰の危機」にこたえることであるとともに、同じような近代化の過程をたどる日本社会における宗教の意義にも触れることになると思う。

現代における神の場の遠隔化は、実は今世紀の初頭にヨーロッパに台頭してきた一つの時代精神のなかに、その影響をうかがうことができる。人間の生と死、世界と人間の関係、つまり人生の意味を問うことは、人間にとって、常に永遠の課題であったが、世界と私の関係がかくも実存的に問われた時代は、かつてなかったであろう。それは感性によって呼び覚まされた、急迫な疑問であり、人間の生をあまりにも矛盾したものとして提示するため、自己の生を凝視することが耐えがたく思える程に衝撃的でもあった。

芸術家は時代の精神をもっとも敏感に予知し、それに反応すると言われるが、われわれはこの時代精神を理解するために、一人の芸術家の告白に耳を傾けてみようと思う。指揮者ブルーノ・ワルターは、同じユダヤ人であり、彼の師でもあり友でもあった作曲家グスタフ・マーラーが彼に言った言葉を、回想のなかでつぎのように伝えている。「われわれはどこからやってきて、どこへつれてゆかれるのであろうか。私はショペンハウアが云っていたように、私が生まれる前にこの人生を本当に望んでいたか。なぜ私が自分の性格のなかで、まるで獄屋にいるごとくに束縛されているのに、自由などを感じるようにさせられるのであろうか。労働と受難の目的はなんだろう。慈悲深い神の創造物のなかに、残虐と悪徳の存在すべきことをどう解すべきだろう。人生の意味は、結局死によって解決されるのであろうか」[3]。ワルターはマーラーの右の告白を引用した後、「このような慨嘆、驚愕、畏怖の言葉が、ほとばしり出る泉のごとく、かれの内心からわき出るのであったが、結局、人間生存の意味を推し測ろうとするいたましいもがきから、かれを救うことは誰もできなかった」[4]と述べているが、マーラーのこの人間存在への苦しい問いは、避けようとして避けることのできぬ、深い不安から生じてくる苦悶の叫びであり、世界と自分の関係の不条理性を感知してしまった現代人の悲劇を生々しく物語っている。こうした苦悶の背景は、世界が自分にとって急によそよそしいものになり、了解しうる、親密な関係をもたらすものではなくなってしまったという実感なのである。

世界が人間の営為によってますます社会的、文化的所産で覆われるようになり、人間の生活がますます安定性と可測性を付与されてきたのにもかかわらず、今世紀に入って、とくに生じてきたこの疎外感の根拠を、われわれはどこに求めるべきなのであろう。

人間にとって、ある意味で過去の時代よりもずっと住みやすくなった現代世界は、社会的、文化的世界であり、人間がこの世界に適応しようとするかぎり、人間に一定の安住を約束する。しかし人間は生活の安定性を獲得する一方、他方で現実世界のなかで神秘の領域、霊の領域が著しく後退、縮減していく事実を体験せざるをえなかった。かつて、父なる天と母なる大地は、時に人間に苛酷な生存条件を課したが、それと同時にそこは恩恵の場であり、彼岸での至福を約束する場であった。人間は厳しい自然という生活環境のなかに、慈愛に満ちた、彼岸的約束を保証する存在の根源の確認ができた。社会という巨大なシステムにまで発展した人間的世界は、確かに現世での人間の生活を保障し、現世での個々人の人生に目標を付与するが、現代人にとって、この社会的世界に、自己の存在の根拠となる場、自分がよってきたる源泉を見出すことはきわめて困難になってきている。いうなれば現代人は、世界を形成し、世界を完成するのは自分たちであるという自負をいだきながら、他方で明らかに孤児《みなしご》の心境を味わっているのである。

社会の発展は、技術や経済力の発展とあいまって、確かに人間の生活に安定性をもたらすだけではなく、人間に自由を付与してきたという点でも、評価されなければならないであろう。人間を身分から解放し、地位と役割という関係に変えたものは、社会の分化と合理化であり、個人は自分の能力と努力に応じて、多様な役割を選択でき、自己の可能性を発揮できるようになった。しかし他方では、現代の社会の仕組みは個々人の生活を著しく機能化させている。生活様式が、分化した役割によって規制され、統一的な人格よりも個々人の役割に応じた能力、成果が評価されるようになる。したがって合理性、すなわち能率が至上命令となり、個人は役割を自己の能力に応じて自由に選択できても、一旦選択した役割は社会組織のなかで厳密に規定されていて、個人はその枠組みに嵌め込まれ、自主的にふるまう余地を制約される。しかしこうした社会システムのなかに人間が組み込まれていくことによって失われるものは、何よりも全人格的な人間相互の交わりであろう。この人間不在を、今世紀のヨーロッパは、よそよそしくなった世界として体験したのではなかったか。不安は、この認識の発する警告でもあったのであろう。

四　保険のような宗教

しかし二十世紀の半ばを境に、ヨーロッパ思想のなかで、既述の、実存的主体の危機を警鐘しようとする思潮が急速にその影響力を弱めてゆく。人間の関心は、彼岸にでもなく、人間の内面でもなく、今や「社会」に向けられている。社会が、世界の前景をなす巨大な制度を形成するに至り、生活の安定性を求める人間に格好な条件を提供している。近代以降の現世志向性は、現代に至り、はっきりとその目標を社会の発展に据え、人々の関心は完全に社会内的世界に向けられる。個々人の立場では、社会の進化という全体目標にしたがって、各自の地位・役割にもとづいた機能的成果が求められる。個々人が引き受ける重層的な役割において業績を上げることにより、彼等の生活の安定性が保障される。したがって、実は、人々はこの現代社会のメカニズムに気づくことなしに、多くの場合、他律的に、規制化された社会的役割を果たすよう強いられている。

D・ロッジが描く、一九六〇年代のイギリスのカトリック大学生達に共通する人生観は、現代の一般人にとって、しごく当然と思えるものであるが、これらの学生が、当時のイギリスの一般大学生と比較するならば、極端すぎるまでに生真面目で、道徳的であり、信仰生活を忠実に守ろうとしている稀少価値的な学生であることを知るとき、その信者学生の宗教観すら、あまりに現世的であるということに、驚嘆せずにはいられない。つまり、彼らカトリック大学生の人生観をロッジはつぎのように述べているのである。「実のところ、彼らの誰も、自分がいつか死ぬのだとは信じていない。そう、彼らは自分がいつか死ぬことを埋屈のうえでは承知している。しかし、心の底からは信じてはいないのだ。その点で彼らはほかの若い健康な人間と変わらない。彼らの思いは死にではなく、生に向かうのだ。彼らの計画に入っているのは、結婚、子供、仕事、名声、事の成就、奉仕である――墓場や来世ではない。彼らの頭のなかでは、来世は隠退生活のようなものなのだ。それは用心に保険を掛けておくべきものではあっても、人生のそもそも初めからじっくり考えなければならないものではない。宗教は彼らにとっては保険なのだ」(5)。

現代人が、かくも現実的生活に対する関心にとらわれているという事実を、もはや否定しえないとしても、それが人間の夢みた、理想的社会への着実に近づきつつある印であると即断することはできない。複雑化した、システムとしての社会は、一方では明らかに人間にとってよりよい生活条件を整備してきたが、他方では、すでに示唆したごとく、大きな障害となっている。つまり、人間が社会に組み込まれる結果、個々人が主体性の喪失という危険に晒されていることを忘れてはならない。M・ブーバーは、個人が、集団組織のなかに自己を完全に埋没させてしまうことを、集団主義と名づける。そして、こうした環境適応のあり方により、人間集団をつつむ、信頼するに足る機能をもった「全体」と人格との連携は実現されるが、しかし、それは人間と人間との連携ではないという。「各個人の全体を要求する『全体社会』は、当然の帰結として、生命体との一切の結合を制限し、無効にし、無価値にし、冒瀆することを目指し、そしてそれに成功する。他人との共感を求める、かのしなやかな人間の側面は、次第に抹消されるか、さもなければ鈍化される。(6)」とブーバーは述べているが、個々人の体験のなかでは、この事実が意識的に自覚されないとしても、生活の上での様々な苦悩と葛藤という形で表面化する。

こうして表面化した徴候のなかに、真の原因を見きわめようとする態度こそ、現代人が求められているものであろう。この意味で、つぎに引用するA・ヴァン・カァムの示唆は納得できるものではなかろうか。「時には気がめいり、何もできなく、しかも神経だけがいらだってくると、機能本位な考え方の微妙な誤謬を見きわめることができないと感じるようになります。生活を、もっぱら世俗的な次元に変えると、苦しみの内容を考えなくなります。生活を反省以前の段階にとどめておくと、不安感、焦燥感、罪意識などが現われます。けれどもこうした不安感、焦燥感は、自分の飢えかわく聖なる存在様式と、新しく現われた世俗的な『理想』との『生きている』対話のきざしなのです」。(7)

五　信仰の危機と宗教観の見直し

不幸なことは、現代人がこれほどまでに、聖なる世界、霊的世界、つまり実在界へのかわきに直面しながら、その実在性を容易に肯定できないということであろう。これを助長するものとして、機能本位な考え方と関連して、西洋社会で広範に受け入れられ、自明とされている理性本位の考え方があると思う。自然科学を最高の権威として、無条件に信じる態度のそれであり、この考え方にしたがえば、現実は、自然科学的な方法によってのみ把捉されるのであり、自然科学的方法のおよばない領域は無意味な問題とされてしまう。(8)「それについて、語りえない事柄については、沈黙しなければならない」というヴィットゲンシュタインの言葉は、こうした考え方を如実に表明していると言えよう。唯物論的考え方も、以上述べた考え方に関連しており、物質現象だけが対象となる。しかしこうした合理主義的な発想が行き詰まっていることも、前述の現代人の苦悩を考えるとき、明らかである。

この苦悩が人間の力をもってしては解決しえないものであり、それにもかかわらずその解決が現代人にとって悲願であるとするならば、そこに現代における神の場の可能性が問われるのではないだろうか。

今や、人間にとって現実世界そのものといってもよい「社会」は人間の手を離れて増殖してゆき、人間は絶えずその発展にかかわりながらも、自己の手によってはもはや制御しきれない自動製作的autopoietischなシステムである。[9] この社会は人間の目標を多くの点で成就してくれるが、完全に満たしてくれるものではない。それどころか、人間は、自分と社会との共同作業が決定的な点で目標を実現しえない、ということに気づかされる。現代人は、現実世界において、人間相互の全人格的な交わりや正義の実現、個々人の実存の達成が阻まれていることを痛感するとともに、それらこそ、人間の究極的目的であることを再認識する。だからこそ、人間は、現実の世界のなかで人間的完成に達したいという希求を「未来」に託する。未来にこそ、事の成就が期待できると考えている。「世界はただ、人間によって、文化や文明によって歴史的に変質され、規定された世界としてのみ我々に出合うのであり、逆に人間は、社会的文化的要因によって形成されるのである。我々は従って意味の問いを歴史的な観点においてのみ提起できるのである」[10]とカスパーは言っているのであるが、この場合、「意味」は、彼によれば、世界が人間の世界になり、しかも、正しい、平和な人間世界となって、人がこの世界と一体となりうるところに存在するものである。

科学・技術の進歩は、核戦争の危機という緊張関係を現代社会に生み出したが、それが人間の業でありながら、もはや人間の制御をこえ、人間の意志によってはどうにもならない問題に帰している。潜在的に共同体的愛の交わりを求めている人間が、度々体験する基本的障害は、他者の意志であり、我意であり、この他者の我意を変えることができるならば、世界と人間の関係が融合的なものになることが明らかであるにもかかわらず、人間の力によってはこれを変えることができない。今世紀の戦争の惨事や、経済の不均衡は、それがいかに複雑化した世界社会の問題であるとはいえ、根本的には、他者の（あるいは自己の）意志を変えることができれば解決しうることであるにもかかわらず、人間の力によっては解決することができないのである。もしこうした現状において、人間の希求を繋ぎとめるものがあるとすれば、それは「未来」であろう。しかもその未来は、人間の手になる、社会の発展という形で、改良された未来ではなく、人間の力を越えた、つまり「人間の計画性や作為性にはよらず、他から導き出されることなく我々の方にやってくる将来（adventus）のことである」。[11]それは恩恵として与えられるものとしての「来るべき時」であり、われわれ人間はすべてをかけて、ただ祈りのうちに「待ち望む」ことしかできない。

現代において神の場を求めるとするならば、それは未来において他にないであろう。人間の歴史こそ神の場なのである。そして未来への信頼が、現実世界でのさまざまな分野での閉塞を突き破って、神との出会いを準備するのである。

つまり神と人間の決定的な出会いの場を未来に想定することは、すでに現在、いな過去にさかのぼって、神が人間の世界にひそかに、しかし激しく介入してきている事実の是認を前提としており、社会状況がいかに非人間的で現世的に見えようとも、個々の事象、個々人の体験において、神の恵みのあらわれはますます否定しえないものになってきているとも言える。「神の支配」「神の国の接近」とは、この現実の神学的表現であり、神の国の接近を、その福音の核心とするキリスト教にとって、実は現代社会こそ、そのメッセージを浸透させるのに、格好の機会なのだという見方もなりたちうるのであって、西洋における信仰の危機はキリスト教的宗教観の見直しのチャンスでもあると言えるのではなかろうか。

六　神の国は到来するか

ひるがえって、現代の日本的状況を省みると、西洋社会の現象が多くの点で妥当するように思える。むしろ合理化という、近代化のための推進力は、かの地におけるよりも、日本において一層加速的に実施されてきた観があり、それと同時に、本来、現世志向的で、しかもブーバーのいう集団主義的傾向をそなえている日本人が、社会の枠組にしっかりと嵌め込まれて、理由の解明できない焦燥感や虚無感に悩まされながらも、他方でその社会のなかに安住しきっているという現実が浮び上ってくる。

現代において、その領域を著しく狭められたとはいえ、西洋にあっては、一般的レベルにおいても内面的世界の深化が重視されてきたし、個人主義もこの内面的世界と密接に結びついて形成されてきた。主体性を重視するがゆえに、社会的世界のなかで集団主義に侵されていく過程を危機ととらえる西洋人に対し、日本人一般には、内的世界の重視が稀薄になっている。それにもかかわらず、現代日本人の、人間相互の人格的連携への希求や、霊的アトモスフェア、聖なる領域へのかわきは、切実なものがあるように思える。青年の文化的現象がしばしば皮相な目でみられ、軽視されているが、青年層が音楽的興奮やコミックの世界にかろうじて息をついている様が痛感される。

一見、宗教に無関心であるかのようにみえても、日本人もやはり、聖なる場、「信」の場を求めているにちがいなく、その実在の世界は、人間自身の努力によってかちとられるものではなしに、恩恵として与えられるもの、むこうからやってくるものでなければならないであろう。キリスト教信仰では、それは前述したように、「神の国」の到来という形で実現されると考えるが、日本の宗教は、どのような形で、現代における「信」の場を示すことができるのであろうか。近代化された社会に生きる現代人の根本的問題が、やはり宗教的な解決を必要としているという前提に立ったならば、日本の宗教はこれにどんな解決を提示することができるのであろうか。いずれにせよ、日本の社会的現状は、既存の救世観のパラダイム的転換を迫っているように思える。

注

（1）堀越考一訳、ホイジンガ『中世の秋』（「世界の名著」55）、中央公論社、一九六七、一一五頁。

（2）犬飼政一訳、W・カスパー『現代のカトリック信仰』、南窓社、一九七五、二七―二八頁。

（3）村田武雄訳、B・ワルター『マーラー　人と芸術』、音楽の友社、一九八二、一八二頁。

（4）同右書、一八三頁。

（5）高儀進訳、D・ロッジ『どこまで行けるか』、白水社、一九八四、二七―二八頁。

（6）児島洋訳、M・ブーバー『人間とは何か』、理想社、一九六八、一七三頁。

（7）木鎌安雄訳、A・ヴァン・カァム『現代生活と信仰』、ドン・ボスコ社、一九七〇、六八頁。

（8）桝田啓三訳、J・M・ボヘンスキー『現代ヨーロッパ哲学』、岩波書店、一九六五、五六―五七頁参照。

（9）拙訳、N・ルーマン「社会・宗教・神学―現代社会における宗教システムの諸問題」、土方昭監修『システム理論のパラダイム転換―N・ルーマン日本講演集』、御茶の水書房、一九八三、九六頁参照。

（10）W・カスパー『現代のカトリック信仰』三二頁。

（11）同右書、三五―三六頁。

日常的世界の極限

一　死の臨場性

思えば不思議なことである。私にとって「死」の観念がうっとうしいほどに自分と背中合わせになっていたのは、人生がまさに開花せんとする十七、八歳のころであった。気づかぬうちに少しずつ心を蝕んでいた気の病いが一挙に吹き出したかのように、ある日、私は死の想いを一瞬たりとも断ち切ることができなくなってしまった。〝私はいつかは必ず死ぬ、私という存在がこの世から消滅してしまう〟という当たり前の事実が、このときはじめて厳然たる現実性をともなって自覚されたのである。それは単に死の恐怖という形で私を苛んだわけではない。時間・空間の無限性を理解することのできる私という自我は、その無限と比較するならばあまりにも卑小で無に等しい有限存在であり、まさに死をもって無に帰する。世界が無限であることを唯一認識している人間存在、その人間存在が閃光にも等しい一瞬の時の経過とともにこの世から消滅していく。その不条理が私の頭から二十四時間離れることがなく、しかもその不条理を私の理性と感性はどうしても許容することができず、目覚めているかぎり、そうした意識にとらわれている自分に耐えられなくなり、その極度なまでの圧迫感から逃れるためには自殺するしかないとまで思いつめた。

私の青年時代の思い出を語るまでもなく、一九五〇年代には、死の臨場性はまだ社会的に認知されていたと思う。かなりの人々が、それも青年たちが、公然と「死」は遠い未来のこと、自分には関係のないこととは思わず、心理的には身近に迫っている重大事として了解し合っていた。太宰治が『晩年』等の作品で描いてみせた、死を見つめる心境が共感をもって多くの人に読まれたのはこの時代までであろう。

死の想いが切迫する心境は、実は人間の孤独と密接に関係がある。自分はひとりぼっちである、と感傷に浸っている限りは、孤独の実態は見えてこないが、深く洞察してみると孤独の根底には、よそよそしく、しかも冷たい無限の世界が横たわっている。地球の成層圏を脱出して、真っ暗な宇宙にただ一人浮遊している自分を想像できるならば、私たちは無限空間と無限時間に直面した人間の孤独が理解できるであろう。そこでは、有限ではあっても安住できる、一つの慣れ親しんだ生活環境が消失し、生活時間が失われて、あまりにも短い人生がクローズ・アップされ、死を間近なものと感ぜざるをえない。近代は、社会的に人間がこの孤独感にとらわれはじめる時代であり、それは二十世紀前半にピークとなり、その後姿を変えて現在に至っている。

近代を社会学的に理解してみると、人間がこの時代に孤独を強く意識しはじめた理由をある程度明らかにすることができる。近代社会は、それまでの社会の構造的基盤であった共同体の崩壊によって成立した。共同体社会においては、人々は比較的限られた社会的空間にあって地縁、血縁で結びつき、互いに知己の間柄であり、因襲的な身分制度に縛られながらも、慣れ親しんだ安住できる生活環境を享受することができた。それは村落であっても都市であっても同様であり、同胞との直接的結びつきのなかの安心感は一つの社会的保障を提供していたのである。近代社会の産業化・工業化の波は、この共同体形式を急速に崩壊へと導き、人々は安住の社会的保障を失うとともに、心理的には、よそよそしい世界のなかに一人孤立する自分を感じとったのである。

二十世紀になって人間の孤独をさらに先鋭化したのは、産業化を遠因とする社会の諸組織の独り歩きであろう。人間が生産機構を操作する時代が過ぎ去り、巨大化するとともに、発達した技術がもっぱら主導権を握る生産機構に人間が操作されるばかりか、それにともなって巨大化した経済・政治機構は、一般大衆が関与する余地のない不可視的組織になり果て、人間みずからが作りだしたはずの社会が、もはや人間の支配のおよばぬものになってしまった。世界は寒々とし、よそよそしいものになってしまった、という人間の実感は、こうして現代社会においては一層強固なものになった。そして両世界大戦で経験した大規模な殺戮・破壊に対する人間の抵抗の無力化、核兵器の行使や核軍拡の阻止を実現できない良識の無力化も、社会が、それを作り出したはずの人間に対立して独り歩きしているという、現代人の疎外感に拍車をかける役割を果たした。二十世紀は文明的発展とはうらはらに、人間を一層不安な境地に陥れたのである。

二　余生を考える時代

孤独と死の直視の密接性を考える場合、現代人に共通な不安や孤独感に加えて、日本人に独自な社会的背景も考慮に入れておかなければならない。戦後の日本は、過去に大戦による大量死と大量破壊を痛切に体験しており、死は身近な生々しい現実であった。青春は死である、という言葉は、若くして空に散っていった特攻隊員や、その他戦没した若き兵士たち、広島や長崎で被爆死した青少年のことを思い浮かべれば、少しも唐突ではない。そして戦前から戦後にかけて、肺結核が多くの青年の命を奪った。サナトリウムは当時の人々にとって心象風景としてはきわめてなじみ深いものであり、療養生活が、〝いつかは自分か自分の家族も〟という不安をともなって一般社会の日常的話題となりえた。寿命を全うすることが、この時代には当たり前ではなかったのである。

あの当時と現在を比べてみると、戦争の傷跡もサナトリウム的心象風景も私たちの視野からはほとんど消え失せている。

今や死は社会的関心の埒外に置かれ、場合によっては社会的次元に浮上してこないよう巧みに包囲され、隠蔽されているかの観がある。もちろん死は日常茶飯事であり、交通事故で命を落とす、癌の宣告を受ける、寝たきりで余命いくばくもなくなる……等、自分自身や身内にいつ振りかからぬものでもない。しかし通常、死は個人的に、それにかかわった人々のあいだでひそかに迎えられ、送られていく。仮に新聞やテレビに大々的に報道される死亡事件があったとしても、社会的には数多くあるニュースのなかの一つとして扱われるだけで、人々はやがて忘れ去り、死そのものが永続的に社会のなかで話題になることはない。

むしろ現代の人間は平均寿命が長くなった結果、引き受けざるをえない余世をどのように過ごすべきなのかを真剣に考えなければならない。つまりゲートボール的心象風景とでも呼ぶべきものが社会のなかに定着し、一般社会の関心領域に定着しているのである。停年後の生活をどのように充実したものにしていくのか、年金制度をどう維持していくべきかという話題がどれほど大きな社会的関心を引き起こしているかを考えれば、死そのものではなく、死に至るまでのプロセスが問題なのだということは明らかである。

八十歳代に伸びた寿命を全うすることが通常的な人生なのであり、人は容易なことでは死なない。全体としてみれば数量的にはゼロに近い事故死に遭遇すれば、それは単に運が悪かった、と考える現代にあって、人生を生き抜くための条件が社会の関心の的になることは理解できる。しかし、なぜ、いつかは必ずすべての人に訪れる死が社会的問題になりえなくなってしまったのであろうか。そして個人としても、死を自分自身がかかわっている、もっとも深刻な問題としては受けとめなくなってきたのはなぜなのだろうか。

D・ロッジの小説『どこまで行けるのか』に描かれたイギリスのカトリック学生たちの人生観が、この問いに一つの示唆を与えているということは前述した。

三　現世志向の優越

この学生たちの人生観が代弁するように、現代人にとって死が社会的テーマにならない理由は、死に対する恐怖がなくなってしまったとか、死の無慈悲なまでの無化を精神的に超越できたからなのではなく、死後の世界、すなわち彼岸に対する関心に比して、比較にならないほどに現世への関心が強くなってしまったからにほかならない。現代人に見られるこの現世志向の優越は、確かに近代以降の社会で絶えず強化されてきた社会的安全保障も一因であるが、同時に、近代を特徴づける世界像に負うところが大きい。

P・L・バーガーとT・ルックマンによれば、人類はこれまでに三つの世界像を概念化してきた（P・L・バーガー、T・ルックマン、山口節郎訳『日常世界の構成』新曜社）。人類が最初に体系化した世界は神話的世界であった。神話とは、日常経験の世界は絶えず聖なる力によって浸透されていると考える、現実についての一つの理解である。この理解にしたがえば、当然社会と宇宙のあいだには高度の連続性が存在することになる。つまり神話的世界にあっては、死後の世界と現世のあいだに画然とした境界はなく、観念的には、人々は二つの世界を自由に行き来することができたのである。

やがて神話的世界に代わって神学的世界が登場してくる。神学的世界においても聖なる力、ないしは存在者が認められるが、人間の世界に浸透するものではなく、はるか遠方に押しやられてしまっている。人間の世界と同様に、神々の世界は現実性を帯びてはいるものの、二つの世界のあいだにはもはや連続性はなく、神学的思考は二つの世界のあいだを媒介するものとして機能する。神学的世界においては、死はいわば現世と来世の深淵がいかに深いものであるかを象徴する厳粛な事実としての色彩を帯びてくるが、他方では、中世のキリスト教世界が示しているように、人々にとっては隔絶した来世こそが究極の安住の地であり、現世はむしろ仮の宿、来世へ旅だつための布石の場であった。最終的希望が死後の世界にかけられ、まだ見ぬ世界がいきいきと人々の心に描かれ、この世のすべての苦しみは来世での幸福の代償として甘受することができた。

神学的世界像は近代になって科学的世界像に席を譲る。科学的世界において日常生活の世界からの聖世界の疎隔は完成し、世界は認識しうる世界だけが現実であり、認識することのできない死の彼方の世界は、不確かなものとして関心の外に置かれた。

四　無限を遮蔽する「社会」

科学的世界においては、当然のことではあるが、死の意味も変わってきた。神学的世界における死は、いわば真っ暗で長いトンネルのようなものである。人は死を前にしてその向こうに何があるのかを見通すことはできないが、とにかくトンネルを抜ければ確実に新しい別世界があることを信ずることができた。もちろんこの世の生き方次第で、新しい世界は花園ではなく、悪臭ただよう沼地であるかもしれぬ、という恐怖心は、トンネルの前に立つ人をして戦慄させたにちがいない。これに対して、科学的世界における死は不確実の前に立つことを意味する。その場合、不確実さは、もしかすると何かあるかもしれない、というかすかな期待を含む場合もあるが、何もないのではないかという諦めでしかない場合もある。

近代の科学的合理精神の導き出した、現世のみにスポットを当てる世界像は、深層に不安を内蔵している。しかも認識しうる世界が、その彼方に超越した永遠的世界を欠いている以上、それは、前述したように無限の空間と時間の世界であり、人間の悟性には耐ええない世界である。残された問題は、その無限世界を認識することのできる唯一の存在でありながら、みずからが有限であるために、死をもってその世界に決別せざるをえない人間の不条理性である。人間が手にしうる切り札は、ただ一つ、つまりけっして人間の悟性に馴染むことのない、冷たくよそよそしい無限を、人間の視野の彼方に押しやる手段だけになった。科学的合理精神によって死後の世界を不確実なものにし、関心の外に置いた現代人は、今や無限の地平を不確実なものにする必要にせまられたのである。

それではその切り札は何であったのか。「社会」であった。共同体の崩壊で、人間を一旦は無限世界に裸のまま晒すという、無力さを示した近代社会は、さらに人間を疎外する技術操作的な巨大機構に変身していった。しかし、まさに現代社会の複雑な巨大組織こそが、無限に対し心理的な扉を立て、それを人間の視野の彼方に追いやったのである。確かに現代社会は、共同体が保障した、親密で全人格的な人的絆を稀薄にし、人間の主体性を組織や技術に従属させるという事態を生みだしはした。しかしながら、現代社会は共同体社会とはまったくちがった形で、再び人間に、とりあえず安心して住むことのできる住まいを提供するという重大な役割を果たすことになる。その第一の理由は社会の不可透視性にある。あまりにも複雑化し、巨大化した現代の社会は、個人にはもはやその地平を凝視しえない、一つの宇宙的なシステムの様相を帯びている。そこは個人の創意と努力次第で、可能なかぎりに多様な人生を繰り広げることができる舞台になっている。巨大機構の社会的操作が働き、人間疎外の問題が解消してはいないとしても、それはそれなりに人々は、新しい扉を開けるたびに、千変万化する、刺激に満ちた部屋に入ることができるという幻想にひたれる。

現代の社会はまた、きわめて動的な社会である。絶えず変化し、近未来を予測することすらむずかしい。流行現象一つを追っても、それが分かる。自分の国にしろ、自分の町にしろ、数年も留守にして久しぶりに帰ってみれば想像もできないほどにさま変わりしてしまう。常に新しいことが起こると人々が期待しうる限り、人々は現世に飽きることはない。こうして、来世の保証もなく、冷たい無限世界に放りだされた現代人にとっては、この社会的世界を創り上げて行き、一層住みよいものにしていくことこそが最大目標となってくるのである。その意味で現代ほど、人類が現世にすべてを賭けた時代はかつてなかったことであろう。

五　聖なる世界の挑戦

社会的世界においても、人々は、死が現実に予測される状態に立たされたとき、大いに悩み苦しむにちがいない。しかし、それは死後の世界を考えたり、死の意味を考えることによって悩み苦しむよりは、いかにして目前の死から逃れることができるかに腐心するにすぎない。そして万が一にも、死の危機を脱することができるや否や、そのことはすっかり忘れ、再び日常の生活に没頭するのである。日々の生活に生きがいがあり、その生きがいを追求する肉体的、精神的条件がそなわっているかぎり、現代人は、人生を肯定して生きている。そのために社会は個人に必要なかぎりの、生活の安全保障を与えようと努力し、個人が生きがいをもって生きることができるよう、さまざまな工夫をする。その典型は人々を人生に飽きさせないという試みであり、生活のあらゆる局面がゲーム化してきている。現代社会とは、つぎからつぎへと新趣向を凝らして人々を楽しませてくれる巨大なゲームセンターにほかならない。

しかしながらゲームセンターでの享楽には、ふとわれにかえったときの虚しさがつきものである。ましてお金がなくなればゲームをつづけることはできない。どんなに変化に富んでいようと、どんなに予想外なことが起きようと、この世の人生体験には完全な満足感がないという覚醒、ふとした挫折をきっかけに味わう人生ゲームからの落伍。そうしたとき、人間は無意識にも日常世界の限界を感じとり、人によってはあらためて本能的に日常生活を超越した世界、無条件に完全な満足の得られる境地を模索する。それは、実は一度は現代人が、現実性がないものとして投げ捨てた世界、聖なる領域、存在そのものの世界、神々の世界である。ただし、その世界が死の彼方にしかないとすれば、それは説得力に乏しい。今この瞬間に、日常生活に対する関心から目をそらせるほどのインパクトをもって、聖なる世界が現存するならば、人は、これしかないと考えてしがみついていた日常的世界への固執を断念するだろう。

実際には、聖なる世界は私たちのまわりに現存している。特殊な天与の感性に恵まれた人の場合を除いて、それは私たちにひそかにせまってくる。それだからこそ、日々の生活に心を奪われていると、それを見逃してしまう。少なくとも私たちは聖なる力の入りこめる、心の隙間をつくっておかなければならない。日常世界の限界を感じたときこそ、そのきっかけになるのではないだろうか。M・ブーバーが引き合いに出した老農夫がその一例である（M・ブーバー　児島洋訳『人間とは何か』理想社）。

「それは、一生涯、実利的に、かつ技術的にしかものを考えることの出来ないように見える農夫、経営と直接的な生活条件とにとって、その時々に必要なもののみをたえず念頭においているような農夫である」。

その彼が年をとりはじめ、仕事に精を出すためには相当無理をしなければならなくなってきた。仕事の合間に、雲をじっと見たりするようになった。ものごとがうまくいかないと、「世の中なんてこんなもんさ」と自嘲的につぶやいたりした。ただ、ときどき、そうした愚痴とはちがう、ささやくようなひとりごとを言うのである。それは彼自身が自分で体験したことについての意見であった。ブーバーは彼のひとりごとについてつぎのような解釈をほどこしている。

「彼がそうするのは、事物の抵抗を味わったときではなく、たとえば、すきの刃が、まるで地面が自分からすすんで口をきいたかのように、柔かく、深く土の中を走ったときとか、牝牛が、まるで或見えない力に産婆を頼んだかのように、仔牛をすばやく軽々と生んだときなどである。いいかえれば、事物の恩恵を感じたときに、つまり、いまさらのように、どんな抵抗はあっても、人間と世界の存在との間には協力関係があると感じたときに、彼は自分自身の意見を述べるのである」。

自分の信仰に生きている信仰者であれば、右の農夫の体験を容易に理解できる。困難や逆境に直面したとき、人間的にはもはやそれを乗り越えることができないと感じる。しかし思いがけない形で道が開ける。人生のさまざまな出来事を通してキリスト者は、見えない神の愛の手に触れたという経験をする。瞑想の折に、ミサや礼拝のなかで、許しや慰め、心の安らぎという形で、神の息吹きに触れる。人と人との心を開いた出会いに、神の愛を体験する。

現代社会にあって、個人に体験される聖なる力の浸透はささやかであって、日常生活に夢中になっている他の人々に、その虚しさを気づかせるだけのインパクトにはなっていないかもしれない。しかし、イエス・キリストの使信の中心である「神の国の接近」を信ずる者にとっては、現代こそ、日常生活への聖なる力の浸透を待望してよい時代なのだという感が強い。

人はいつかはゲームに飽きるにちがいない。そのとき、あの農夫のようにはじめは事物の抵抗をつぶやいていても、やがて日々の営みの間隙に、事物の恩恵を感じるだろう。そういう人々の輪が広がっていったとき、日常的世界は聖なる世界と融合しはじめ、現代人はあらためて、死後の世界を、ある希望をこめて見つめ直すのではなかろうか。そうでなければこの世はあまりにも虚しいではないか。

「神の支配」の現実性

一　宗教に対する無関心

過去の時代と比べて、宗教への関心が社会全体では著しく薄れている。この現代の状況は、近代化した社会で徐々に進展してきたものであり、ことさら目新しい事実ではない。しかしそれがキリスト教社会であるヨーロッパ諸国やアメリカにおいても顕著であることは、信仰者に一つの疑問を投げかける。イエス・キリストの宣教と救済の業《わざ》をもってはじまった「神の国」のあらわれは、現代の状況でどのように理解することができるのか、という点である。

カトリック神学者D・ドレーバーマンの教会批判が話題になったドイツで、シュピーゲル誌がエムニド研究所に依頼し、広範な信仰調査を行った（一九九二年）。それによれば、神を信ずると答えた人は56パーセントにとどまり、一九六七年の調査の68パーセントを大きく下回った。シュピーゲル誌は、この数字には、キリスト者以外の人で神を信ずる人も入っていようし、キリスト者であっても教会が教えるように神を信じているとは限らない、というコメントまでつけている（Der Spiegel, 15. Juni 1992）。

信仰離れは依然として進行している、というショッキングな事実だが、信心なくしても人間は生きていける、「神」や「超越的存在」を求めなくても、人間は問題を解決できると考えるようになった、ということであろうか。

確かなことは、現代の人間が日常生活で体験するさまざまな問題に、信仰と結びつけて考えることの困難を感じているということである。キリスト教の場合であれば、教義が生活体験で追認されていないといってもよい。W・カスパーが、ニーチェやヘーゲルの神の死に触れて述べていることは、この問題が早くから予想されていたことを物語っている。

「神の死を語ることによって、むしろ、かれらが主張したいことは、神を信じても人生と歴史を規定するような刺激を得られなくなった。その限りで、神は死んでしまったということであり、神が、もはや、我々の生活のなかに、生きたものとして現存していなくなったということ、信仰の主張が、人間の現実問題や体験に妥当しなくなってしまったということである。信仰の主張は、もはや、現実の問いに対応するものではなくなり、そのために、もはや、挑戦とは受け取られなくなっている」（W・カスパー、犬飼政一訳『現代のカトリック信仰』南窓社）。

二　進歩の歴史と受難の歴史

生活体験が信仰の主張と合致しなくなったという事実は、まず、人間の進歩の歴史のなかに示される。科学と技術の進歩を足掛りとして、人間は自己の生活環境を、生活を容易にする方向へ絶えず改善してきた。太古より地球上に存在した自然環境は、人間の手によって築かれた文化環境ないしは社会環境によって侵食され、今やわれわれは地球に神の足跡を見るよりは人間の足跡を確かなものとして認める。生活の条件を規定するのは、人間の努力と知恵の産み出す文化的所産であり、神の恩恵ではない。豊かな生活は、技術の進歩と物資の生産、それをコントロールする経済と政治に依存し、健康は医学の発達によって保証され、精神的障害はカウンセリングによって癒される。それがうまく機能しないとすれば、それは人間自身に帰すべきであり、神の介入の余地はない。

たとえば、現代社会でエイズ問題にどのような対応がとられているかを見れば、この仕組みがよく分かる。黒死病の大流行で大量の死者が出た中世ヨーロッパでは、町という町で、村という村で、その終息を神に祈願する信徒の行列が繰り出され、神の慈悲にすべてが委ねられた。現在、エイズもまた、その治療対策が見つからぬまま、世界的規模で蔓延している。しかし中世とは異なり、人々が期待しているのはなによりも、一日でも早くエイズのための医学的治療法が発見されることであり、さらにはエイズ患者の社会的復権や、健康な一般人と患者との精神的連帯である。

したがって、人々は今のところ不確実ではあっても、近い将来にはきっと特効薬なり、完全な治療法が医学の力で開発されることを信じている。この意味で、現代人にとってはエイズ問題は基本的には人間的努力によって解決されるべき問題であり、信仰を頼りにしなければならないとは考えていない。

しかし科学や技術の発達によって、人間が完全に幸福になれるのかといえば、けっしてそうではない。人間は依然として不正や冷淡や無慈悲の犠牲になって苦しみ、不幸になっている。この問題については人間はみずからの内に解決する能力をもち合わせていない。それならば、この点で神は介入する機会を得るのであろうか。ドイツの女流作家ルイゼ・リンザーは、人間が関与して生じた不正をめぐる人間心理の微妙なトリックをつぎのように描写する。

「武器を発明し、戦争、拷問、監獄、奴隷制度、爆弾を発明したのは私たち人間です。私たちは人間を貧しい者と富んだ者に分け、独裁者と圧政に苦しむ人、自由な人と自由を奪われた人とに分けたのです。私たちは互いに他人を中傷し、だまし、裏切り、殺し合いをして、そのあげくに『これが世の常というものさ、これが政治というものだ。こういうことは悪魔か、目に見えない運命のいたずらか、あるいは残酷で冷淡な神がすることだ』と言います」(Luise Rinser, Gespräch von Mensch zu Mensch, 1967)。

つまり、人間が関与して生みだした人間的悲惨が、人間の力では解決できぬとき、神にその解決をせまり、なお解決が得られなければ、その神を残酷で冷淡であるとつき離す、きわめて手前勝手な論理が展開されている。しかし、この論理は論理としては破綻を来していない。全能にして善良なる神であるならば、たとえ愚かな人間の業によってもたらされた人間の不幸であっても、救済の手を差しのべることができるはずである、と考えるからである。恐らく現代でも人間が神の介入を切実に求める問題があるとすれば、人間に帰責すべきではあっても、人間の手には負えない、このような不幸と苦しみであろう。しかもそこに神の救済を期待しえないとすれば、そのような神は、もはや全能でもなく、慈悲深くもなく、存在を否定されてしまう。

W・カスパーは、「我々は歴史を、実のところ進歩の歴史として経験するばかりではなく、全く同様に受難の歴史として、人類の大きな受難の道としても経験する。不正と苦悩は大抵の場合、神への信仰に対する最も強力な反証となっていて、単なる思考の上でのあらゆる難問よりも実存的に深く、また強力である」(W・カスパー『前掲書』)と述べているが、右の事情を適確に分析している。

三　人間の究極的限界

ところで、人間の利己愛や無慈悲に起因する不正によって、他者の不幸と苦悩が生まれ、人間自身にその完全な救済能力がないという状況を、もう少し掘り下げてみると、不正を行う側の利己愛や無慈悲そのものが、そもそも、その人間の意志によっては解消しえない重荷であることが理解できる。人間の利己愛の根の深さは、それを断ち切って他者への愛に生きようと努力した人であればあるほど、得心がいく。慈善のつもりが、ベールをかぶった利己心であることに気がつき、愕然とするのである。他人の利己主義を非難しながら、自分の利他的行為が、隠れた動機においてまったく同じであることを知るや、偽善にも苦しまなければならない。被害者であっても、いつでも加害者にもなりうるほど、人間の本性がエゴイスティックであることを認めつつも、これまでに多くの人が、不正によって生ずる人間の苦悩と不幸の救済のために戦ってきた。その人々も認めることは、人間の努力には限界があるということである。

人間の生活条件は人間的努力で改善しうると、現代人は確信する。しかし、人間性そのもの、人間の背負っている業《ごう》は、人間の力だけでは解決できないことに気がついている。したがって人間の利己主義は止まず、不正と無慈悲は他者の苦悩を引き起こさずにはおかない。人間の不完全性に目をそむけることなく、罪からの真剣な解放を求める人にとっては、神のあわれみと許しを救いとして受けとめることができるのであろう。しかし現代人は、やましさの感情で、自分の不完全性を認めながらも、日常的気晴らしへと逃れていく。心の深層には、無意識的な諦観と代償的満足が潜んでいる。惨めな人間本性が受容され、癒されることはないという思い込み的体験から諦観が育てられ、その代償として現世的憂さ晴らしに没頭することで満足してしまう。自分が変わりうるということ、エゴイスティックな本性から脱却できるということが断念されており、神はますます遠い存在になってしまう。

現象を観察するかぎり、現代では、多くの人にとって神の存在は、自分の人生や生活に意味をもってはいず、イエス・キリストの説いた「神の国のはじまり」が、発展的経過を辿っているのかどうかを判断することができず、むしろ神の国は実現しつつあるのだろうかという疑念を、信仰者ですら否定することはできない。

四　イエスの説いた「神の国」

「神の国」ないしは「神の支配」の現れが、イエスの宣教で告げられ、それがイエスその人において、つまり彼のみ業においてはじまったということ、また、それがイエスの福音の核心であったということは疑いがない（たとえば、W. Körzer, Vater Unser–Das Gebet der Christenheit Mitte von Frömmigkeit und Leben, 1966, 参照）。しかし神の国の完成は、われわれには予知しえない未来の、あるときであり、それがどのような形で訪れるかもわれわれには予測できない（マルコ4の26～29）。

イエス自身、「神の国」をいろいろな譬え話で教えようとしている。しかし、われわれはそれを解釈しなければならない。たとえば「からし種」と「パン種」の譬えは、小さなからし種がだんだんと大きくなって大木になっていくとか、パン種を粉に混ぜると、その粉が徐々に膨らんでいくというふうに、経過を重視して解釈するのではなく、いつの間にか大木になっていたとか、気がついたらパン種を入れた粉が全体に膨らんでいたというように、始めと終わりの対照的な相違として解釈されなければならない（マタイ13の31～33、ルカ13の18～21、なお前掲書参照）。

したがってわれわれが理解できることは、定められたときが来れば、神の国が完成するということであって、その途上である現代という時代に、神の国がどのような発展を示しているのかを判断することはできない。キリスト教社会であるヨーロッパで、神を信ずる人の数が減少し、布教が伸び悩んでいるとしても、それが、神の国の発展の停滞だと即断することも許されないはずである。

だからといって、現代社会にいかなる神の国の発展の足跡も見出すことができないのであれば、信仰者としては落胆せざるをえない。慰めはないものであろうか。少なくともイエス・キリストの世界におよぼした影響ならば、われわれはある程度確かめることができる。その歴史的影響は、いかなる人物とも比較することのできない例外的なものである。独創性は彼の愛の教えにある。もしイエスがこの世に誕生しなかったならば、人間は今知っているような形で愛を理解することができたであろうか。またこのような形で愛が普及しえたであろうか。答えは明らかに否である。他者を自分のように愛せよという発想は（ルカ10の27）、イエス以外のだれが思いつくことができたであろうか。驚くべきことは、彼は愛の掟を人々に説いただけではなく、みずからその愛を実行してみせたということである。イエスに対する正確で公正な知識をもつ人に、イエスのように他者を徹底的に愛した人物を他に考えることができるかとたずねるならば、当然、そんなことは考えられないと答えるであろう。人間の本性は利己的で、自己保全的であるから、イエスの自己献身的な愛はきわめて異例であると言わなければならない。イエスの愛の規範なしには、人間はこれほどまでに愛を理解し、実践の努力を傾けることもなかったであろう。父なる神がイエスを通じて、人間にその愛を示したとすれば、イエスに直接出会い、その愛を素直に受け入れることのできた人々にとって、その慈しみと甘美は生涯忘れることのできぬ強い印象を与えたにちがいない。

西洋のキリスト教世界が、人間的不完全さを示しつつも、正義や人権の意識を育ててきたのは、イエス・キリストの影響以外の何ものでもない。自由と平等の精神も、もとはといえばキリスト教的愛の発展であった。卓越したキリスト者が示す無私の愛は、キリストその人の愛の魅力がいかばかりであったかを彷彿とさせる。イエス・キリストの癒しの業が、医療、看護、福祉の事業や活動に生かされ、人間の救済が飛躍的に発展した。キリストが教えた愛の精神は、むしろ信仰を越えて全世界に普及している。イエス・キリストが存在しなかったならば、今日のように、愛が人間のなかに芽生え、成長し、実行されることはなかったであろう。信仰を放棄したキリスト教世界の人々も、この事実を全面的に否定することはないであろう。

むしろ信仰の放棄は、愛への失望に根本的原因がある。現代人は、神の愛は世界の悲惨に十分におよんでいないと考え、個人的にも神の愛の体験をしていないと考えている。

しかし、これほどの愛を、父なる神がイエスを通じて示し、現代の世界が愛の影響を受けているのであれば、「愛をください」と祈る人々に、神が答えないということがありえようか。「神の支配」とは、神が人間の世界に入ってきたということである。神は今やわれわれの近くにおり、人間が神を神として認めるのを待っておられる。それは父としての愛でわれわれ一人ひとりを満たしたいという願いでもある。

五　信仰者の弁明

聖書によれば、イエスは「あなたがたの父は、願う前から、あなたがたに必要なものをご存じなのだ。だから祈りなさい」と言われてから、「主の祈り」を教えている（マタイ6の8～9）。神は人間の願いを知っておられるにもかかわらず、祈るようにと勧めている。祈ることによって願いは成就するのであろうか。祈りに神がどのように答えられるかを詩編の祈りを例に見てみよう。たとえばダビデは詩編のなかでつぎのように祈っている（詩編13の2～3）。

いつまで、主よ
　わたしを忘れておられるのか。
いつまで、御顔をわたしから隠しておられるのか。
いつまで、わたしの魂は思い煩い
日々の嘆きが心を去らないのか。
いつまで、敵はわたしに向かって誇るのか。

ダビデは自分の苦境を救ってくださるように神に祈っているが、神は隠れていて、ダビデのことなど忘れているかのようだ。ダビデはいったいいつまでこんな苦悩の日々がつづくのだろうと思い煩いながら、神の救いと到来を待ち望んでいる。そのダビデが6節で、それまでとはまったく異なった心境を歌っている。

あなたの慈しみに依り頼みます。
わたしの心は御救いに喜び躍り
主に向かって歌います
「主はわたしに報いてくださった」と。

どれほどの祈願の後に、それが起こったのかは分からない。しかし、神がダビデの祈りに耳を傾けてくださったことは明らかである。神がそのような形で、み顔をあらわしてくださったことをダビデは心から喜んでいるのである。

われわれも神に祈り、願いを聞き入れていただいたと体験するのは、祈りのときそのものというよりも、生活のさまざまな出来事を通じてではなかろうか。祈りはその通りに聞き入れられることもあれば、そうでない場合もある。しかしそのような祈りの体験のなかで、われわれが確実に信ずるようになることは、父なる神が私を愛しておられるということである。自分が思ったように事が成就しなくとも、出来事の展開は、父なる神は私を愛してくださるという確信を強めてくれる。

人間の背負っている不完全性や弱さが癒されるということは、なによりもまず、そのままの自分が無条件に受容されるということではないか。この私を許し、このままで受け入れてくれる存在を、神以外のだれに見出せるというのであろう。もしその愛の絆が必要でないというのであれば、その人にとって神が存在せずとも、生きていく上で困難はないかもしれない。しかし愛に飢える者にとって、しかも自分を無条件に受容する愛を求めずにはいられない人にとっては、現代でも神は絶対に必要な存在である。神に見守られている、神は絶対私を見捨てることはない、という安心の上に、毎日の生活を送れることが信仰者の幸せなのである。その信頼を奪われるとするならば、彼にとっては堪えられないことなのだ。つまり逆説的に言えば、信仰者にとっては、人間的にいかなる苦境に立たされようとも、そこで神の愛を確信できるのであれば幸せなのである。

聖人の生涯を追ってみると、彼らが例外なく、父なる神にわが子であるがごとくに愛されているのだということを、心の底から感得したときに、心を神と人に向かってすべて開き、巨人のように愛徳の道を歩みだしている、という話を聞いたことがあるが、異例な超自然的出会いという体験はなくとも、祈りをもって、自分の生活の軌跡を眺めつづけるならば、だれでもが愛する神に出会うにちがいないのである。

六　み国が来ますように

信仰が下火になっている現代は、信仰者にとって暗闇のときかもしれない。それ以上に、信仰することがむずかしい時代に生きるキリスト者以外の人々にとって、現代は漆黒の闇であるかもしれないのである。

現代人は神に求めるものはないと考える。確かにこれまで求めてきたような事柄は、神に求める必要がなくなってきたのかもしれない。でも神がほんとうに求めてほしいと考えていることは、神の愛そのものではないだろうか。イエスは中風の人を起き上がらせるとともに、「あなたの罪は赦される」と言われた（マタイ9の1～8）。「私はあなたを愛している」と言い換えてもおかしくない。

み国が来ますように、という祈りは、神の愛を求める祈りであるとともに、われわれ人間の側が、神の子として父の愛を求めるようになりますように、という祈りでもあるのではなかろうか。人間の世界のなかに、父である神の姿がはっきりと浮かび出してくること、父の愛が人々の心をとらえること、父の方を子が振り向くこと、つまり放蕩息子の帰郷が、み国の到来なのである。

現代を代表して、すべての人類のためにキリスト者が、み国が来ますように、と祈ることが、父である神の強い願いであり、それを通して、神はありあまる愛をもって、背を向けて、すねている現代の人間にせまろうとされているのではないだろうか。

創造的人間と日常性

一　さながら蜉蝣のごとく

二年前であったか（一九八七年）、京都で、ある学会が開かれ、それに出席した折のことである。五月で陽気もよく、夕食後一人になったので、市街を散歩してみる気になった。河原町通りは人で溢れ、高瀬川沿いの木屋町通りに足を踏み入れると、ここも人が多いのだが、コンパ帰りと思える学生たちの集団が目についた。そぞろ歩きをしながら、四条大橋までやって来、橋の上から鴨川を眺めると、夏には床《ゆか》をはり出すみそぎ川と鴨川の間の石土手の上に、若者たちの黒い影がやはり溢れていた。酒気を帯びているのであるが、川に服のまま飛びこむ者もあらわれて、その辺りの群集が皆、異様に思えるほど、浮かれ、湧き返っているのであった。

最近、週末の街を久しぶりに歩いていたときにも、同じような印象をいだいた。ただこの陽気さが、世の中の事情でも変わりさえすれば、ふーっと消えていってしまう、はかないもののように感じられ、一層強く脳裏に刻みこまれたのである。それは、夏のほんの一刻、川面を一面に覆いつくして、綿毛のようにふわふわと賑やかに飛びかい、生命の躍動を見せたかと思う間もなく、ふたたび消えさる蜉蝣を彷彿とさせるといっても過言ではない。

街に溢れる陽気さが象徴する、現代の日本人の楽天性は、経済的繁栄に負うところが大きい。経済摩擦という形で諸外国を刺激している日本の輸出超過が、円高や保護貿易政策で鈍化し、日本の景気に陰りが射したものの、そのくらいでは動じない日本経済の強さが、浮き彫りになった。思えば経済的繁栄こそが、日本人の究極的念願なのである。「人間ならば、日本人に限らず誰でもそう思うのではないか」という反論があろうが、それはちがう。経済的繁栄に裏打ちされた「快適さ」「豊かさ」こそが、日本人の至上価値であったことを、たとえば村上陽一郎はつぎのように要約している。「日本の歴史を通じて、日本人が、超越的で、精神的な価値を至上のものとして掲げた例を、私は知らない。（中略）つまり日本人は、歴史を通じて、現実的な価値にのみ拘泥してきたといって差し支えないのではないか。だからこそ、明治以降『唯物主義』的な十九世紀後の西欧の科学が、それも技術と一体化した形で、面白いように受容されていったのではないか。そのような状況のなかで、戦後、儒教的な、つまり『政治的』な自己規制の枠が撤廃されると、恐らくは、世界でも稀有な『世俗的』社会として、飽くなき実利の追求に狂奔するに至った」（週刊朝日百科・日本の歴史132号、科学と宗教の接点）。結果として、現在、その念願が史上例を見ぬまでに実現されているのである。盛り上がって不思議はない。

二　現実主義の矛盾

西欧での世俗主義の出現は、いささか趣を異にする。プロテスタンティズムの倫理から派生した、能率追求の職業エートスが、近代社会に進歩の信念を醸成する（M・ヴェーバー『プロテスタンティズムの倫理と資本主義の精神』・岩波文庫）。ここで進歩とは、主として生産的過程における進歩を意味し、経済的繁栄が目的となる。したがって現象的にとらえるならば、西欧近代の進歩・発展の精神は、日本の現世実利主義とちょうど重なる。

しかし、ヨーロッパの場合、近代における進歩の神話が登場する背景には、根本的には、存在の意味への伝統的な問いがある。つまり、人間は何のために生きているのか、人生はいかなる目的に向かって営まれるのか、という問いが、個人的な彼岸的救済から、現世社会における保障に、より明確な解答を見出した時に、進歩への信仰は決定的となった。人が進歩に対し、無限の期待をこめたからこそ、現世の地平が視界のかなたに限りなく退き、現世における進歩が、あたかも不滅であるかのように信じられるようになった。P・ティリッヒは、この経緯における神への信仰の衰微をつぎのように描く。

「近代的な不滅の観念は、『限りなき時間と世界にまで及ぶ』生産的過程への持続的関与を意味する。死に直面する勇気を個人に与えるものは、神における永遠の休息ではなくして、宇宙の力動への個人の限りなき関与である。このような種類の希望にあっては神はほとんど不必要である」(『存在への勇気』・谷口美智雄訳　新教出版社)。

個人が、現世的社会の経済的進歩への参与に、自己の存在の目的を見出そうとするならば、彼は社会の生産的過程に徹底的に追随しなければならない。社会の経済的進歩に陶酔することによって、自己の人生の目的を確認しようとするのであるから、当然のことである。ティリッヒによれば、個人は社会的生産様式に対する適応と同調を要求される。しかも、その必要性は、生産方法が一律的包括的になればなるほど強くなる。

こうした状況では、社会集団の成員はその社会集団内での標準的行動様式にしたがって行動すべしとする同調主義が個人を拘束し、個人が、集団の保証と引き換えに、集団に埋没するという危険が顕在化する。ところが、現世的進歩への情熱が、生の目的と意味への疑問を封じこめる限りは、人は、何のために、と問うことを忘れているが、集団への同調のために、あまりにも真の創造性と自由を失った個人は、もはやこの疑問を抑圧することができなくなる。それは、人が改めて、死と人生の無意味性に対する不安におびやかされることにほかならない。しかし、そうしてこそ、進歩の十全な姿である創造を、みずからの生き方のなかで模索することになる。

経済繁栄とて、不安定なことは自明であるから、その面から日本人もある種の不安や危惧の念をいだいている。しかし、それは多くの場合、村上が指摘するように、「現状の『快適さ』、『豊かさ』を失う不安であり、損なう危惧である。現世における物質的な生活についての不安・危惧である」。しかし、人生の無意味性や救済の不確かさへの不安なくしては、結局日常性を脱却できず、自分の生の意味を問いつづける形で営まれる創造的人生は、ついに無関係なものに終わるのではないだろうか。

三　目的を問う生き方

創造的人間として、私が具体的に思い浮かべることができるのは、人間ならぬ、カモメのジョナサンである。彼、カモメのジョナサンは、作者のリチャード・バックによれば、他のカモメと比べると、きわめて風変わりなカモメである。「ほとんどのカモメは、飛ぶという行為をしごく簡単に考えていて、それ以上のことをあえて学ぼうなどとは思わないものである。つまり、どうやって岸から食物のあるところまでたどりつき、さらにまた岸へもどってくるか、それさえ判れば充分なのだ。すべてのカモメにとって、重要なのは飛ぶことではなく、食べることだった。だが、この風変りのカモメ、ジョナサン・リヴィングストンにとって重要なのは、食べることよりも飛ぶことそれ自体だったのだ。その他のどんなことよりも、彼は飛ぶことが好きだった」(五木寛之訳・新潮文庫)。

こんなジョナサンであったから、朝から晩まで、飛行訓練に励んで厭きることを知らない。食事もろくろく摂らないのであるから、まるで骨と羽根だけに痩せてしまっている。母親は心配して、「なぜあなたは群れの皆さんと同じように振舞えないの」とたずね、父親は「もしお前がなにがなんでも研究せにゃならんというなら、それは食いもののことや、それを手に入れるやり方だ。……わしらが飛ぶのは食うためだ」と説教する。

ジョナサンは、両親の言うことも至極もっともだと思い、一旦は他のカモメたちと同じように、餌集めに奔走してみる。しかし、すぐに自分がしなければならないことは、こんなことではないと気がつき、ふたたび群れを離れて、飛行練習に明け暮れるのである。もちろん、彼のチャレンジは、時には厳しい挫折をともなう。そんなとき、彼は一羽の平凡なカモメに戻ろうと考える。しかしつぎの瞬間に、思いがけぬひらめきによって限界を突破していくのである。

こうしてある日、彼は極限速度に到達する。それは一つの劇的な〈限界突破〉であった。ジョナサンは、この成果を皆に話したならば、彼らは大騒ぎして歓ぶにちがいないと考え、希望でいっぱいになる。カモメたちが、漁船と岸のあいだをよたよたと行きつもどりつする代わりに、生きる目的が生まれたのだ。「われわれは無知から抜け出して自己を向上させることもできるし、知性と特殊技術をそなえた高等生物なのだと自認することも可能なのだ！　われわれは自由になれる」。確かに飛行記録は彼にとって自己目的である。しかし、彼には、それを他のカモメたちに自慢しようという考えはまったくない。「おれは栄誉なんか欲しくはない。おれはただ、自分の発見したことを皆にわかちあい、われわれ全員の前途にひらけているあの無限の地平を皆にみせてやりたいだけなのだ」という彼の考えに、それは如実にあらわれている。

しかし、ジョナサンの報告を聞いた、カモメ集団の反応は、彼にとっては予想外のことであった。彼は長老から、カモメの社会からの追放と〈遥かな岸〉での一人暮しの流刑を宣告される。そして長老はこう付け加える。「汝もやがてはさとるであろう。無責任な行いが割にあわぬものだということを。われらの生は不可知にして、かつはかり知れざるものである。わかっていることはただわれらが餌を食べ、そしてあたうる限り生きながらえるべくこの世の生をうけたということのみだ」。この長老の諭しに対し、ジョナサンは反論する。「聞いてください、みなさん！　生きることの意味や、生活のもっと高い目的を発見してそれを行う。そのようなカモメこそ最も責任感の強いカモメじゃありませんか？　千年もの間、われわれは魚の頭を追いかけ回して暮してきた。しかし、いまやわれわれは生きる目的を持つにいたったのです。学ぶこと、発見すること、そして自由になることがそれだ！」

しかし、彼の抗弁を支持するものはおらず、彼は〈遥かな岸〉に追放の身となる。それからもジョナサンは飛行の精進をつづけ、完全な自由を身につけ、この世を超越する世界へ導かれ、そこで、時間と空間を超える飛行を会得し、ふたたび地上のカモメたちを導くために、彼らのもとへ帰っていくのである。

四　進化と創造

　価値として、進歩が否定される謂れはもうとうない。ただ、近代以降の西欧で、進歩の信仰が先鋭化したことは確かな事実である。とくに、それが経済的発展に収斂され、さらに現世的進歩の地平が無限化された。しかしもっとも留意すべき点は、この進歩の信仰において、手段が目的化されたことである。生産の成果は、人間の生にとっては、本来、手段である。人間は食するために働くのではなく、仕事そのもののなかに目的を追求すべく生まれついているはずである。

　カモメが飛ぶのは食うためだと、飛行を手段と考える父親に対し、ジョナサンは、飛ぶこと自体が人生であることを、身をもって示す。この本は、一九七〇年代のアメリカの大衆のなかで、凄まじいほどの支持と共感を集めたという。その読者のなかには、かつてのフロンティア精神に体現される、進歩への飽くなき躍進、成功物語への郷愁をそそられたむきがいるかもしれない。しかしそれだけではないはずだ。この本がアメリカのヒッピーたちにまず受けいれられたという事情を考えれば、経済発展を至上価値とする生き方に、アメリカ人のあいだにも批判がでてきたにちがいない。

　ジョナサンの飛行へのチャレンジには、単なる記録的進歩の満足では終わらない、自己実現という人間本来の目的を追求する、創造的な生き方が読みとれる。それは、創造の根源である宇宙との邂逅という、壮大な一面を含んでいるように思える。自分を完成しようとする努力が、その自分よりもはるかに偉大で、壮大な宇宙の創造の力に包まれ、引きあげられる。これはまさに、ティヤール・ド・シャルダンの描く創造的人間の姿である。

「大地の風をその帆にうまくはらませる人は、つねにより深い沖に導く潮流を発見する。人は高尚な欲求をもち、高貴にふるまうにつれてますます広大で、崇高なものの探究に貪欲になっていく。やがて単なる家庭とか、国家とか、行為の利得面とかいうものでは満足しなくなる。創造するために全体を組織したり、新しい道を切り拓いたり、根拠を求めたり、真理を発見したり、理想を培ったり擁護したりすることが必要になってくる。――こうして地上の労働者は次第に自分だけのものではなくなっていく。いかにとるに足らないものでも、その目的に忠実な行為の隙間からしのびこむ宇宙の壮大な風は、彼らを段々に拡大し、持ちあげ、持ち去っていく」（『宇宙のなかの神の場』・三雲夏生訳　春秋社）。

豊かで、快適な生活を至上価値とする人生観には、こうした壮大な創造性が欠落している。とはいえ、日本人とても、仕事の目的が生活の糧を得るためだけであるとすれば、それで満足する人は少ない。業績を他の人から認めてもらいたいとか、賞賛を博したいという気持もある。社会的に尊敬を受ける、世間体の良い仕事であることを願う。昇進や権力へのステップとして精進する場合もある。同僚や取引先との協調的な仕事のハーモニィに充実を見出すこともできる。競争で他者に勝利することの喜びもある。集団帰属による安心感そのものが仕事の生きがいである場合もあるし、とにかく自分に与えられている時間を有意義に過ごしているという自己満足が得られればよいという場合もあろう。

こうした理由づけが、仕事に一応は満足感をもたらしているということは否定できない。しかし、それらが仕事の、ひいては人生の至上価値だと考えるのであれば、人生に潜む創造の価値は、ついに自覚されることはないのではなかろうか。

五　未知への飛翔

人間が創造の道を歩み出すとき、集団への帰属を条件に供託してしまったはずの、あの不安に直面しなければならない。創造の道は孤独の道である。ジョナサンは飛行をきわめる過程で、みずからも群れを離れて孤独の道を選びとったばかりではなく、かもめ集団の側からも追放の宣告を受け、生涯を孤独のうちに、彼の創造の業に励んだ。訳者の五木寛之が、「それにしても私たち人間はなぜこのような〈群れ〉を低く見る物語を愛するのだろうか」と慨嘆しているが、私は集団にとってこそ、このような孤独の道を歩む創造的人間が必要なのだと思う。事実、超越の世界へ行って飛行の極意を会得し、飛行の意味すらも悟ったジョナサンの帰郷への想いは已みがたく、「追放したのは彼等ではないか。ここに止まったほうがよい」という友人の忠告もふりきって、ただ群れのためを思って、彼らの許へ帰っていくのである。それは、彼が飛行の境地に達したとき、同時に優しさと愛との真の意味をも知りえたからであった。

創造の道は、孤独であるとともに、未知の世界への旅でもある。私たちの人生がとるに足るものであるか否かを問わない。平凡な仕事や人生のなかにも創造の道があると思う。ただその道は他の誰のものでもなく、私だけのためのものである。私がはじめて歩む道である。未知であるということは、予想しえない出来事に出会うことでもある。しかもそれはしばしば、理性をもっては理解できない非合理性を秘めている。ペーター・ヴーストは、人間をおののかせるのは、実にこの人生における特殊な非合理であり、理性はしばしばその前に立っておろおろするばかりであると言っている。人間は客観的な自然の秩序を見誤って、挫折を味わう場合がある。しかし理性がその誤りを認める時、自分を客観的秩序に適合させることができる。「しかし、客観的なものが人生で全く後退する時、それどころか、任意、偶然、混沌、真の闇、原理的無法則性、はかりがたさ、不一致、無常さ、はかなさに、かんたんに場所をゆずる時、われわれの理性は始めて、危急存亡の本源的状況におちいる。この存在そのものの背景にあらわれる非合理性が、真の厳正な意味の運命である」（ペーター・ヴースト、永野藤夫訳『不安と冒険』）。この状況で、人間は必然的に、「なぜ」と問い、「私の人生にどんな意味があるのか」と自問する。答えが見出せぬために、自暴自棄になり、刹那的に生きたり、無意味な反抗を試みるとすれば、私たちはそれ以上前に進むことはできない。じっとうずくまって、依怙地に動かぬのであればやはり同じことである。確かに今、目の前にあるのは暗闇であり、絶壁である。後退して、妥協的に、しかも巧妙に日常性のなかに忍びこんでしまうこともできる。思考停止と諦めと他人まかせという形で。しかし前途に広がる暗闇へ飛びこんでいく選択も残されている。それはドン・キホーテ的な無暴と幻想なのであろうか。それともそれこそが創造の道の必然なのであろうか。

六　運命の受容

未知の世界への飛躍には、喪失への不安がともなう。私たちのもっとも身近な体験として、失敗への恐れがある。しかし、失敗は不毛なる、人生の試みであろうか。チャレンジを目の前にして、常に逃げまどう人に、人生の真の意味が理解できるものであろうか。知的・道徳的英雄が、苦しい敗北のなかから、どれほど大きな人間的な成長を引きだしていることだろう。ティヤール・ド・シャルダンは、そこに、普通なら人を永久に消沈させたり、打ちのめしてしまうはずの試練や、不成功によってかえって一層成長し、焼き直され、心機一転する人間の姿が見られる、と言っている。「この場合、失敗は飛行機の昇降舵、あるいはさらにいってみれば植木の刈りこみ鋏の役を果たしているのである。それはわれわれの内面の精気を導き、存在のもっとも純粋な〈成分〉を引出して、われわ

れをより高く、より正しく上昇させるのである」。（前掲書）

失敗に限らず、さまざまな障害が人間の計画を妨げる。そして時には人間のすべての営みを無意味なものであるかのように思わせる。しかし、私たちの我意にもとづく人間的な計画は、まだ見えぬ私自身の目標に向かって、私たちを正しく導くことができるのであろうか、私たちを自分自身の完成へと、導くことができるのであろうか。

私たちはむしろ、自分の計画の失敗によってこそ、人生が見えてくることを知らねばならない。そのためには、シャルダンの言うように、自分自身に立脚することを一切止めてしまうことが必要なのだと思う。なぜなら、人間の我意にもとづくあらゆる計画の失敗には、人智を越えた、深い教導があるからである。冷酷で、気まぐれと思える運命の背後に、人知のおよばぬ、一人ひとりの人間を完成へと導く愛の方法が秘められているからである。

キリスト教的信仰は、この神秘を明確に神の摂理として教示する。ペーター・ヴーストの表現を借りよう。「われわれがこの不安の苦悩の本質を深くさぐればさぐるほど、この苦悩は、全存在を支配する、あの不思議なえい智の為せる業であることが、次第にわかってくる。（中略）始めどう見ても無意味に思われることも、よく検討してみれば、計画的であること、すべてをみそなわす神の摂理のかしこい意図であることがわかる」。（前掲書）

人間の創造には受容がともなう。障害や失敗によって、私たちは絶望してはならない。静かに前途を見つめてみる。自分の立っているところは絶壁である。風が吹いているのを確かめよう。若鷲は、はじめて今、大空に飛びたとうとしている。不安でいっぱいである。彼は羽を広げて大空に向かってはばたく。つぎの瞬間、鷲は風にのってゆったりと大空に舞う。風が彼をはるかかなたまで運んでいく。

消費社会の構造的不安

一　欠乏からの自由

一社会にとって宿命的ともいえる財の稀少性は、個人の欲望が常にそれを陵駕する限り、結果としては、片寄った富の分配を招き、豊かで満ち足りた生活は、社会の一握りにすぎない富裕階級の特権であり、多くの人にとっては、所詮かなわぬ夢でしかなかった。二十世紀に出現した大量消費社会は、ある意味でこの定説を覆す社会現象を生みだした。六十年代のアメリカ社会は人類史における最大の大量消費社会であり、D・リースマンをして、アメリカ社会は、欠乏からの自由という、人類にとっての長いあいだの夢を実現するまさに一歩手前のところにきている、と言わしめたのである（D・リースマン、加藤秀俊訳『何のための豊かさ』みすず書房）。事実、大衆が夢みつづけてきた王侯貴族の暮らしが、多くの人々にとって手の届く、実現可能な生活になりえたのである。そしてアメリカに遅れること二十年、八十年代の日本では、ほぼ同じような大量消費社会が実現し、かなり多くの日本人が豊かな生活を享受している。

しかし、事実上は経済的豊かさを意味するこの平均的日本人の生活が、一応欠乏からの自由を達成しているとしても、人間に真の充足を与えているかどうかは、疑問としなければならない。大量消費社会においては、人々の生活が単に豊かになるというだけではなく、そのライフ・スタイルにも微妙な変化が生じる。たとえばリースマンは前掲書で、当時のアメリカ社会に定着した、生活の「標準的パッケージ」に注目する。標準的パッケージは、家具や、テレビ、冷蔵庫、あるいは標準的銘柄の食器、衣料などのさまざまな商品、それに旅行や趣味に関するさまざまなサービスからなりたっており、生活水準や生活様式を外面的になす枠組を構成している。人々はいわば標準的パッケージを整えていくことにより、自分の求める生活水準やライフスタイルを実現してゆく。多くの場合、標準的パッケージを整えるのに相応しい生活環境が選択されるが、その典型的なものが郊外生活である。リースマンは、その生活そのものが人生の目的になってしまっているという事実を指摘する。普通、郊外生活は労働時間が比較的少ないことでなりたつのであり、たとえば週休二日制が必要条件となる。また郊外生活者には夫婦共稼ぎが一般的であり、生活維持のために妻の収入が当てにされている。「彼女が働くのは、新しい自動車を買い、新しい部屋を作り、そしてミネソタの湖で休日を楽しむためであって、彼女が『仕事をもつ』というのは、地位を求めたり、あるいは、仕事の領域で生きがいを求めるからではないのである」（D・リースマン、前掲書）。夫はといえば、標準的パッケージをいつも新たにしておくために働く。この標準的パッケージは常にその規模が大きくなっていくとともに、他の新しい商品が加わってきたりするので、それに歩調を合わせなければならない。つまり一定の度合いで拡張していく標準的パッケージに相応しい収入の確保が必要となり、こともあろうにアメリカ社会において、彼らは年功序列的な昇進に強い関心を示す。仕事への野心などより、生活水準の維持が夫婦の関心の中心となる。

ここに描かれた郊外生活者のライフスタイルは、今の平均的日本人の生活にかなり共通するものが見られるように思う。物に不自由しない生活というものが個人に一応の安定を与え、人々の関心がそうした生活水準の維持に向けられるという点がとくにそうだ。現状において日本人は、経済的安定に満足し、消費に喜びを感じ、日々の生活に表面上は屈託がない。確かに現状を支えるのにそれ相応の努力をしている。そして努力があるかぎり、繁栄を保っていけるだろうとの漠然とした楽観論もかなり根強い。しかし個人の内面に潜んでいて、あまり表沙汰にはならない密やかな不安が、アメリカの郊外生活者に見られるのと同じようなある種の消極的気運を醸成している。

二　不安の必然性

いま仮に一人の典型的な給与生活者を想定してみよう。彼が自分の一生を予測した場合、将来について不確定要素があるとしても、仕事についていえば、一定限度の期待値に対する誤差を読みこんだ上で達しうる地位、それにともなう収入、そしてその収入に支えられた生活水準の可能性について、かなり正確な見通しを立てることができるにちがいない。その予測が実現するか否かは、著しく自分自身の仕事への対処の仕方にかかっている。いわば自分の将来がほとんど自分の掌中にあるという確信をもって人生に臨むことができる。

しかしそれでも不安がないわけではない。現在の日本経済が、ここ当分この安定性を持続するならば、あまり表面化することはないかもしれないが、景気というものはきわめて不安定なものである。万が一、ということは起こりうる。いったん築いた生活レベルをダウンさせることの苦痛は、だれしも容易に想像できることだが、人生に不確定要素がミニマムであっても、常に付随する以上、それを計算に入れておかなければならない。とくに満足すべき一定の生活水準を享受している場合、人はそれを失うことへの不安を最大限にいだく。手にした地位、名声、富への執着だけが不安の原因となるのではない。それらを通じて作りあげてきた、社会における人間的結合すらも失うことになるからだ。仕事における成功とそれに支えられた生活水準を、自分の人間的努力、あるいは社会的組織の堅固性（これも人間の手によって築かれたものである）によって獲得し、今後も維持するのだという自負は、いったん、人知のおよばぬ破綻に遭遇した場合、それを克服するだけの力をもたない。それゆえに予測せぬ事態が万一起こったならば、という不安は潜在的であっても極度に強いものになる。人知をつくして現在と将来の生活を守りぬこうと苦慮する防御的生活態度は、こうした不安が土壌になっている。

さらに、先ほど触れた人生に対する期待値も不安の要因になる。将来の人生がかなりせまい上限と下限からなる固定的な見通しでなりたっているので、その範囲内でどこまで昇りつめられるかに関心が集中する。具体的には身近な同僚との比較に憂き身をやつす。同期の同僚が先に課長になりはしないか、給料やボーナスで差がつきはしないかといったことが非常に気になり、自分が先行していれば平安だが、他のだれかに先を越されようものなら、彼の平安は一瞬にして吹きとんでしまう。したがって、将来の展望においては、他者との生活レベルや地位の比較で自分は遅れるのではないかという不安におびやかされることになる。

三　便法としての宗教心

この構造的不安への対処として、あくまで人間的努力で果敢に切り抜けてゆこうと考える人も多い。この場合には他者への気配りが著しく働き、場合によっては、卑屈な態度や、卑劣な態度をとることも辞さない。しかし不安回避の代償としての心労もきわめて大きいことは確かだ。不確定要素の存在をかなり強力なものと感じ、不安を人間的努力のみでは解消できないと考える人は、それが本質的な意味での宗教と言えるかどうかは別として広い意味での宗教に頼る。こういう人も予想外に多く、現世利益的な宗教の隆盛はその証左であろう。

現象として見る限り、日本の御利益的な宗教ブームは相当なものだ。神社仏閣を訪ねるならば、絵馬に代表される願かけはすさまじいばかりの数にのぼる。この繁栄の時代になぜという疑問が浮かぶ。しかも、少し注意深く観察すればけっして軽い気持ちではなく、かなり真剣であることが分かる。書店でもある宗教家の特設コーナーがもうけられ、膨大な部数の書籍が並べられていた。一冊を拾い読みしてみたが、サラリーマン向けの幸福論が説かれていて、昇進の問題にどう対処したらよいのかということなどが述べられている。納得のいく説明だが、それが単なる処世術に終わっていない。霊や神仏の守護などが人生の問題解決の根本として説かれている。

こうした宗教ブームで示される一般的な宗教心というものは、結局は便法的なものではなかろうか。基本的には自分の手のなかにあって、見通しのついている人生の不確定部分、つまり人間的には処理しかねる部分を神仏になんとかしてもらう。その限りでの宗教心ではなかろうか。もちろんこうした宗教心を否定するつもりは毛頭ないが、少なくともキリストの教えた「日々の糧」を願い求める祈りとは、かなりの距離があるのではなかろうか。

つまり一人の人間の人生が基本的に人間的知見によって予測され、それが実現されていく人間的方策がなりたっている状況においては、人間はすべてを投げ捨てて、神によりすがる、すなわち、神の用意された、人間には見通すことのできない、人間の力によっては左右することのできない恩恵の世界には入っていけないのである。日々の糧を求める祈りとは、ひっきょう無条件で、恩恵の世界、つまり神の国を求める祈りだからである。

四　日々の糧

福音書では、「日々の」を意味するギリシャ語としてepiousiosが使われているが、福音書に用いられた言葉としてはきわめて稀なものである。問題はこの言葉が多義的な意味を持ち、文字通り「今日の」を意味するとともに、明日を含めて「日々の」とも解され、さらには明日を象徴的に理解すれば、終末的な意味にも解されることである（たとえば、W. Knörzer, Vater Unser–Das Gebet der Christenheit　Mitte von Frömmigkeit und Leben参照）。

いま仮にepiousiosを「今日の」の意味に解すれば、かなり切迫した状況における祈りとなる。クネルツァーは、イスラエルの非常に貧しい労働者でさえ、夕方にはその日の労働に対して一デナリオの報酬を受け、妻は翌日、家族のためにパンを用意することができたのであるから、その日の日当すら当てにすることのできない物乞いだけが、この祈りをとなえることができると言っている。その意味ではイエスにしたがう弟子たちもそうであったし、現在ならば、飢餓に苦しみ、明日の命の保証すらない、第三世界の貧しい人々にこそ当てはまるであろう。

epiousiosを「日々の」と解すれば、状況はやや緩やかになるが、けっして将来が確実に見通せる人の祈りではない。クネルツァーはさらに、この言葉は「事物の自然的本質を超越した」とも解釈できると言っている。この意味に解すれば「日々のパン」はパンそのものではなく、自然的形象を越える何か、である。ヨハネ6章の「わたしは命のパンである」（ヨハネ6の8）というイエスの言葉に結びついていく。つまり日々の糧を求める祈りは、単に日々のパンを求める祈りではなく、イエスの宣教生活とともにはじまった「神の国の到来」を求める祈りでもある。

日々の祈りをこのように解釈していくと、みずからの手には切り札をもたぬ無力な人間、しかもみずからの手では、けっして作りだすことのできない、はるかに豊かで、至福に満ちあふれた境遇を大胆にも請い求めている人間の姿が浮かび上ってくる。現代の大量消費社会の提供する豊かさが、もはや人間の求めている究極的豊かさではないこと、またそのような豊かさを保持するための不安と心労があまりにも無益であることに気づいた人々は、自分が求めるべき真の豊かさに目覚めることができるかもしれない。その人にとっては、日々の糧を求める祈りが、あらためて新鮮な魅力を秘めた魔法の言葉になるかもしれない。そして自己の防御的な消極的処世術に終止符を打つことができるかもしれない。

五　至高経験による新展開

日々の糧を求める祈りによって展開する新境地とはいかなる経験世界なのだろうか。

実は日本では先ほど述べた、いわば表面的な宗教ブームとは別に、目立たないし、支持者も数の上ではそれほど多くはない、いわば通奏低音とでもいうべき宗教ブームが存在している。たとえばアメリカでいえばニュー・サイエンスの流れに当たるものがそれで、F・カプラやK・ウィルバーなどが説く体験世界がその一つである。禅や東洋神秘思想に強い関心が示され、とくにインドの神秘家が指導的存在である。クリシュナムルティ、ラマナ・マハシリ等の講話は日本語に訳され、愛読者や心酔者が少なくない。共通する点は瞑想を通じて神秘的体験に至ろうとする宗教的実践方法であり、われわれが通常実在の世界と考えている、人間の思惟と記号が作り上げた観念の世界のベールをはぎとり、真に実在する世界を体験せんとすることである。A・ハックスレーは、「宗教上の言葉で〝この世〟と呼ばれている世界が、すなわちこの世界であり、その世界では濾過されて残った意識内容だけが言葉によって表現される世界、そしてさらにいえば、言葉によって生命を失って石化されてしまっている世界である。これに対して、われわれがときに思いがけない突飛なしかたでその存在を知らされるさまざまなタイプの他の世界、〝他界〟は、宇宙精神が本来的に持っている意識内容の総体のなかに含まれている多くの要素の一つ一つなのである」（A・ハックスレー、今村光一訳『知覚の扉・天国と地獄』河出書房新社）と述べているが、この他界こそ、私の触れた人々の求めている世界なのである。

もちろんこれはキリスト教の神秘家の体験にも通ずるものであるが、A・H・マスローはこのような体験を至高体験と名づけ、能動的というよりもはるかに受動的であるとし、道教の「無礙」という考え方が、この認識を言い表しているという。つまり、認知は求めるものでなく、求めないものであり、強いるものでなく、瞑想するものであるからである（A・H・マスロー著、上田吉一訳『完全なる人間』、誠信書房）。またマスローは、至高経験における情緒的反応の特殊性を、なにか偉大なるものを目前にするように、経験を前にして、驚異、畏敬、尊敬、謙遜、敬服という趣きをもつと述べている。

マスローによれば、至高経験の認知が受動的であるのに反し、至高経験の反応は、はるかに自律的であり能動的でもある。ある経験者は、自分が「（人に動かされたり、決定されたりする無力で、依存的、受動的で、弱々しく、隷属的であるよりは）根本的に運動の主体であり、自己決定者であると感じる。自分は自制して、責任を完全にはたし、断固とした決意と、他の場合にみられないような『自由な意志』でもって、自己の運命を開拓している、と感ずるのである」（A・H・マスロー、前掲書）。こうした心境変化と相まって、彼は、障害、抑制、警戒心、恐怖、疑惑、統制、自己批判、制止といった状態からきわめて自由な立場におかれている。したがって、彼は自発的で天真爛漫にふるまうし、悪意がなく、純朴で、飾り気もなく、気どらない、こだわりがなく、自己を自由に表出し、自己意識もないのである。

至高経験をした人々のこれらの精神的特質で際立っているのは、何かに対する不安から解放されているという点である。不安の対象となっていたものが消失したのではない。そうではなくて、もはやそうしたことにこだわらないという態度の変化がみられるのである。

六　不安のなかの平安

むしろ至高経験は、パラドックスな心理的転換であることが多い。つまり極度の不安的状況における心理的平安への逆転である。ルカ福音書の放蕩息子のたとえ話は、この経緯をたくみに描写している。弟は異邦人の地にあって経済的に破たんし、完全に行き詰まっている。自分を当てにできないどころか、他人にすら頼ることができない（ルカ15の14〜16）。つまり人間的手立てをすべて失って、現在と将来にいかなる見通しを立てることもできない状態に立たされたのである。その彼に自分には想像もできなかった至福が訪れる。そのために彼が唯一成しえたことは父への信頼であった。

弟の場合、自分を当てにしたくとも当てにすることができなかったという事情がある。しかしすでに考察してきたように、人間が自分の生活をどのように安定したものにしようと努力しても不安はつきまとうのである。つきつめてみれば、人間はいかに恵まれた境遇にあっても、ほんとうは自分を当てにすることはできないのである。

J・ケンテニッヒ神父は不安と平安の関係には、三つのとらえ方がなりたつと考える（Pater Joseph Kentenich, Kindsein vor Gott）。不安と隣り合った平安がその一つである。たとえばある人が恵まれた生活をしていて、その隣人が貧しい生活をしている。恵まれている人は隣人を見て、自分の生活が安定していることに平安を覚える。しかしこの関係は永続的なものであろうか。将来、隣の貧しい人が豊かになり、自分が没落する可能性は常に存在しているのである。結婚生活も同様で、幸せな夫婦と隣の不幸せな夫婦の対比は永続的ではない。二つめのケースは、平安のなかの不安である。すでに事例的に触れたことだが、恵まれた生活をしていると思っている人が、自分よりも恵まれた人に出会って、幸福でなくなってしまうケースである。両ケースは人間的次元で評価される客観的、主観的安定感というものがいかにもろいものであるかということを示唆している。

三番目のケースは不安のなかの平安である。ケンテニッヒ神父は放蕩息子の境遇の変化をその例として挙げているが、この場合には不安の極致にこそ平安が存在している。もちろん、不安のなかに平安を見出すためには、当事者にそれなりの心境の変化が求められる。彼はそれを「身を献げるという大胆きわまる行い」と解する。身を献げるということは、一面受動的な態度でもある。どうぞ好きなようにしてください。私にはもはや方策がありません、とでも言いたくなるような心境であろうが、それはけっして捨て鉢な態度ではない。ケンテニッヒ神父は、それは親に信頼をよせている子供の態度なのだという。

それは自分を頼りにできないというだけではなく、自分の将来について自分では見通しを立てることもできないという心の持ち方である。自分を委ねた相手に対する絶対的信頼、しかもその相手が信頼に十分に応えてくれる存在であるとするならば、身を委ねた人のかちえる平安は次元を異にした絶対的なものといえる。

このような平安は、子供のころの経験に通ずるものがある。母親の胸で安らかに眠る幼な子の状況を思い浮かべることができるはずだ。もちろん仕事と生活に責任をもって生きていかなければならない一人前の成人を、この幼な子と同じ立場におくことはできない。しかしケンテニッヒ神父は、不安のなかに平安を見出す鍵はただ一つ、幼な子の心をもつことであるという。不確定な状況であるからこそ、あえて幼な子のような絶対的献身を、というのがその真意である。成人にとっては、これはある意味できわめて厳しい道であると言わねばならない。幼な子の献身とは、実は放棄の道であり、まず放棄があって、それから平安なのである、と彼は言っている。われわれが思い描いている、安定のための人間的プランを放棄するということは確かに至難の業である。しかし父なる神の計画にすべてを委ねることにより、はじめて絶対的平安をかちうることができるのであり、この放棄なくして、神への絶対的信頼は生まれない。

ケンテニッヒ神父は、「幼な子のような信頼心は、神の父としての親心を揺り動かす。だから神に信頼をよせよう。そうすればあなたは、もっとも真っ暗な闇の瞬間にも、神はけっしてあなたを見捨てはしないことを経験するだろう」と言っているが、日々の糧を求める祈りに神がどのように応えてくださるのかを、適切に示す言葉ではなかろうか。

社会の組織化と個人の能力

一　組織社会のつけ

現代社会を特徴づける一つの現象は、組織化の進展である。社会活動の多くが組織を通じて行われる。社会に多種多様な組織が成立してくるばかりではなく、それらの組織が巨大になるとともにますます複雑化してきている。ところで頻繁に口にされる組織とはいかなる集団なのであろうか。社会学では組織を機能集団と理解する。つまり組織というのは①一定の目的を達成するために、意図的に形成された集団であり、その目的の範囲はあらかじめかなり明確に定められており、②目的達成のためには活動計画が立てられ、活動遂行のための種々な役割と規則が定められている集団である。組織はそもそも個人や少人数の人々では手に負えない業務を処理する、あるいは個人や少人数でやるよりも合理的、能率的に処理できる、という理念から生まれたもので、職務の分業化を前提とする。職務を分化・専門化することによって、高度な業務を処理し、能率を上げていこうとする以上、専門分化された職位《ポジション》では、その職務の内容と範囲が客観的に明確に規定されており、相応しい能力を持つ人物であれば、だれでも引き受けられるものでなければならない。M・ヴェーバーの言う合法的な近代的官僚制度が組織運営には必然的に導入されているのである。

したがって組織の巨大化が進めば進むほど、職務は分業化し、専門化してくる。この場合専門化は単に職務内容が水平的に細分化していくことだけを意味しているのではない。組織が全体として活動計画を達成していくためには、組織の統制・管理が必要であり、これは命令・服従という職務の上下関係の分化を通じて行われる。こうして組織には地位のヒエラルキーが形成される。他方、社会全体のなかで個々の組織のもつ影響力には差異があり、相互的に対等関係とともに優劣関係が生じ、実務上は組織間のヒエラルキーも形成されている。

組織のヒエラルキーを考えた場合、管理職という組織の地位は威信と種々の特権（俸給もそのなかに入る）を体現している。しかしある組織の地位が優れたものであるかどうかは、さらに社会全体における組織の相対的地位によって決まる。したがって、一般的には官庁のキャリア・コースとか、有力な地位が期待できる大手企業等が、有為な青年たちの嘱望の的となる。しかも専門化された職位に登用されるための条件は、その職務内容が要求する、知識・技術を主たる要素とする適性能力であり、日本の場合であれば、適性能力の証明が第一義的には「学歴」ということになる。その結果、学歴獲得のためのすさまじい教育フィーバーが日本中で繰り広げられ、その熱はとどまるところを知らないというのが日本の現状である。

社会の組織化は、実はいま述べたことにとどまらず、人間の行動全体に一つの大きな影響をおよぼす。組織が多くなっていくということは、人間の活動がますます、組織の細分化された役割を通して行われるということを意味する。職業活動は言うまでもないことだが、生活の他の領域の活動にまでそれがおよんでくる。子供の勉強も学校における授業のほかに、塾という組織のなかでルーティン化されていく。課外活動さえ、ピアノ教室や水泳教室等の組織のスケジュールのなかに取り込まれていく。旅行ですらパッケージ化され、自分の創意や工夫で自発的な行動をとる余地が著しく狭められている。あるシチュエーションで人間が何を行えばよいかが、あらかじめすべて決められていて、その場にのぞんだ人はだれでも同じ行動をとるしかない、という極論もあながち的はずれではない。これでは人間は機械の一部分であり、フロムが『希望の革命』で述べているように、「十分な食物と娯楽を与えられながらも、受動的になり、生命を失い、感情も枯渇してゆく」かもしれないのである。

二　受動的な能力主義

確かに組織化の一側面である職業の分化がなかったならば、多くの人々が因習的に身分に縛りつけられ、家業を無条件に引き継がねばならず、他の適正な能力の持ち主であっても、農家の子に生まれれば、やはり農業に従事するしかなかった。それが産業化社会では、本人に能力があり、栄達を望む向上心があれば、身につけた実力によって、自分の能力にふさわしい職業につくこともできるようになったのである。

しかし前述したように、能力さえあれば自分が望む優れた地位につくことができ、それによって社会と組織における威信と特権を享受できるとか、だれにでも大企業の管理職への門戸が開かれている、という組織社会の長所が、現在では過剰な競争社会のなかで色あせてしまっている。

一流大学を出て、「学歴」をつくりさえすれば、幸福な人生が保証されているのだという思い込みは、世間でステレオタイプ化している常識である。それが若者自身の思いこみであるうちは実害も少ないが、親の信念になったとき悲劇が生じる。わが子が少しでもよい学歴を身につけるように、それも一流大学なら申し分ない、と世間の親すべてが望むならば、教育への加熱ぶりが異常なまでに高まるのは当然と言える。子供はこの世に生を受けた瞬間から、親の熱い期待を一身に背負わなければならない。両親は子供をエリート・コースにのせることが本人自身の幸せなのだと信じて疑わない。一つの価値観に裏づけられた、この親の信念は、大部分の現代人に共有されているゆえに、反論することがきわめてむずかしい。たとえば、自分が二流会社に勤めているばかりに、こうして肩身の狭い思いをし、さまざまな憂き目を見てきたと実感する親の気持ちは、誠にもっともな話なのである。

教育場面もこの親の教育観に引きずられて受験体制化していく。さらに教育産業はこうした親の期待に応えるべく魅力的なプログラムを用意して、受験人生というサバイバル・ゲームをいっそう完全なものにしていく。こうして子供の歩むべき人生には、親と組織によってしっかりとレールが敷かれる。子供はいま自分がほんとうにやりたいこと、夢中になれることがあったとしても、それは認められず、なにがなんでも勉強をしなければならない(ときにそれが勉強のかわりに野球であったり、ピアノであったとしても同じことである)。その勉強ですら、自分が関心をもった一つの問題をひたすら突き詰めていくことは許されず、与えられた断片的な課題を機械的にこなしてゆくにすぎない。それでも子供がサラブレッドならば課せられた調教に耐え抜いて、優れた競走馬に成長することであろう。そしてサバイバル・ゲーム的な勉強が本来、性に合っていた優れた才能の持ち主ならば、こうした受験戦争を経て一流大学に入れたこと、そして一流企業に入社できたことを幸せであったと思うであろう。しかしそんな人間が社会全体のなかにどれほどいるというのであろう。そしてそういう能力者も社会の第一線に立ったとき、受動的な能力主義に陥らずにすむという保証がどこにあるのだろうか。逆説的に言うならば、現代の社会で、愛情をかけられなかったのでもなく、見捨てられたのでもないが、両親が本人の意志を信頼し、尊重するがゆえに放任され、結果はどうあろうとも自分の望むがままに過ごすことのできた子供が一番幸せであるのかもしれない。

三　ムラ社会の他律性

激烈な受験戦争の最後の難関である就職試験をクリヤして一人前の社会人になっても、競争社会での果てしない戦いは終わらない。むしろ形を変えて激化すると言ってもよい。職場で個人が第一に求められているのは、確かに実務に必要な知識・技術に裏づけられた「能力」である。しかも組織の合理化が進むにしたがって、かなり高度な専門性も要求されている。与えられた職務に適した能力をそなえていないならば、ポストを維持することもむずかしいし、昇進も困難になる。しかし職務にかかわる知識や技能だけで能力が評価されるのではない。チームワークやリーダーシップ等の対人的な素養も能力のうちに数えられる。つまり組織活動にふさわしいパーソナリティをそなえた上で、業績を上げていくことが求められている。結局組織が要求する能力とは、なによりも与えられたポストに同調することができるような実務能力であり、個人は職務に主体的にかかわっていくというよりは、受動的に適合せざるをえない。

ときには、企業のトップが新入社員に求めているものは、金太郎アメの集団ではなく、個性のあるパーソナリティであると言ったりするが、その個性とは組織の要求する個性であって、社員は組織の側が描く「個性」なるものを察知し、それに同調していくという皮肉な結果になるのがオチである。鋳型にはめ込まれたような画一的教育を受け、同調性を主要価値とする現代人に個性を期待すること自体が、組織の自家撞着であると言わざるをえない。

伝統的社会と比較するならば、確かに現代社会では能力ある人間が自己の能力を存分に発揮して、ふさわしい地位を獲得する可能性が増大している。ただ、その能力なるものを受動的、他律的に発揮せざるをえない点に問題がある。かなり知的で複雑な仕事であっても、所詮細分化された部分的職務であり、しかも執務手順がマニュアル化され、結局指示されたことを機械的、形式的に処理していくとか、決まりきった仕事の繰り返しとかになりやすい。したがって仕事に携わる人が、その仕事に対して主体的、全人格的にかかわっていくことにしばしば困難を感じ、仕事に本来そなわっているはずの全体性、自己目的性、自発性、創造性が失われていく。そのために仕事にほんとうの満足感が味わえなくなり、慢性的な無力感に陥ったりする。

結局組織のなかで手に入れる可能性のあるものは権力をともなった地位であり、仕事の満足感よりも昇進が最終目的になってしまう。地位は社会や組織における威信や影響力、経済力等の特権を付与するとともに、実務に実力がともなっているか否かを別にして、表面的にはその地位にある人物の実務能力を証明してくれる。それゆえに際立った地位の昇進を望まぬ人でも、少なくとも自分の年齢やキャリアにふさわしい昇進ができるようにとか、同期の同僚や後輩には先を越されないようにと、腐心することになる。

地位の昇進に執着する人間にとっては、人事の権限を握る上役やその他の実力者の自分に対する評価が強い関心事となる。昇進には能力や業績もさることながら、上役や人事権者の主観的評価、端的には個人的好意がより重要な鍵を握ることが多々あるからである。とくに組織内の派閥がからんでくると、この傾向は一層顕著になる。組織がある程度大きくなると、フォーマルなネットワークでは解消しえない私的・公的な利害や不満の調整・解消手段としてインフォーマルなグループである派閥が形成される。この派閥における人間関係は親密であると同時に非合理的でもあるので、もし派閥のボスが人事を左右する力を有し、しかも権威主義的傾向が強い場合には、昇進が彼の匙《さじ》加減一つで決まるというような事態が生ずる。

日本の社会はとくに派閥集団の伝統的悪弊を温存しているが、その体質は一言でいえば「ムラ社会」的な性格と言える。ムラの掟に背くものはムラを出なければならないし、ムラの長が白といえば白、黒といえば黒で、それが不合理であってもだれも反論できない。この論理が派閥にぴたりと適合する。派閥の論理では実力がそのまま評価されるとはかぎらず、実力がないものでもボスに気にいられていれば実力者をしのいで昇進の機会をつかむこともできる。それゆえ、派閥の人間は絶えずボスの顔色をうかがい、彼に気にいられることが最大の関心事であるとともに、ボスの信頼を失って排斥されるのではないかという不安にさいなまれている。

こうした派閥の非合理性は、通常は組織のインフォーマルな次元では、ある程度共通しているため、組織の人間は権力集団に依存的になりやすく、上司の意向であれば仕事に関する節も容易にまげてしまう。自己の能力を発揮しての主体的な仕事への取り組みが、こうしてムラ社会の他律性へと変節してしまうのである。

四　ホールデン・コールフィールドの場合

組織のなかに取り込まれ自己喪失する組織社会の人間像を描いてみたが、近年、組織に心理的な距離をとり、自己を取り戻そうと試みる人々が、とくに若者のなかに増えつつあることも事実である。それは組織から開放される時間帯で主体的に生きようとする姿勢であり、「五時から人生」とでも言えようか。山崎正和の指摘する「消費する自我」もこれに近いような気がする。彼によれば消費する自我は「どこまでも目的実現の過程に固執し、いはば、過程そのものを味はうことを目的とする」（『柔らかい個人主義の誕生』）生き方をとるのだが、それはたとえば茶の湯の時間の過ごし方であり、料理であるならば作ることに喜びを感じる料理の追求、つまり遊びの世界である。しかし現代社会において、金と時間のありあまる、ごくわずかな人をのぞいては、生活の場である組織社会からの逃避の形をとらずに、そのような生き方に徹せられるものかどうか、疑問とせずにはいられない。

これに比し、J・D・サリンジャーの『ライ麦畑でつかまえて』の主人公ホールデンは、徒労とも思える果敢な、社会への抵抗を試みることによって、組織の論理に屈しまいとする悲痛な叫びを発しているように思われる。ホールデン・コールフィールドは弁護士の父をもつ裕福な家庭の子弟で、優れた才能と感受性に恵まれた少年であるにもかかわらず、名門私立高校を次々に退学になり、四つめのペンシー校も成績不良のためにクビになる。父親はアイヴィ・リーグの大学へ進学させたいという強い望みをもっているが、ホールデンはそれに対して抵抗を示す。エリート・コースに進むことに疑問を感じているからであり、高校を次々に退学になる理由はそこにある。

家に帰ったホールデンは、久しぶりに会った妹のフィービーと心置きなく会話を交わすが、彼の行く末を心配して、将来何になるつもりなのかとたずねるフィービーに、はじめて自分の考えを明かすのである。弁護士はどうなのという妹の質問に、彼は、始終、無実の人の命を救ったりするならいいんだが、弁護士になるとそんなことはしないのではないか、という疑問を述べる。

「何をやるかというと、お金をもうけたり、ゴルフをしたり、ブリッジをやったり、車を買ったり、マーティニを飲んだり、えらそうなふうをしたり、そんなことをするだけなんだ。それにだよ。かりに人の命を救ったりなんかすることを実際にやったとしてもだ、それが果たして、人の命を本当に救いたくてやったのか、それとも、本当の望みはすばらしい弁護士になることであって、裁判が終わったときに、法廷でみんなから背中をたたかれたり、おめでとうを言われたり、新聞記者やみんなからさ、いやらしい映画にあるだろう、あれが本当は望みだったのか、それがわからないからなあ」。

仕事そのものの生き甲斐よりも、仕事にともなう地位と、それがもたらす威信と特権を享受する組織人間の欺瞞性に対するホールデンの疑惑と批判が見事に表現されているのではないだろうか。それでは彼はどんな人間になりたいというのであろう。ホールデンの心の秘密が、氷が解けるように、信頼する妹のフィービーの前で吐露される。

「とにかくね、僕にはね、広いライ麦の畑やなんかがあってさ、そこで小さな子供たちが、みんなでなんかのゲームをしてるところが目に見えるんだよ。何千っていう子供たちがいるんだ。そしてあたりには誰もいない―誰もって大人はだよ―僕のほかにはね。僕はあぶない崖のふちに立っているんだ。僕のやる仕事はね、誰でも崖から転がり落ちそうになったら、その子をつかまえてやらなきゃならないんだ。一日じゅう、それだけをやればいいんだな。ライ麦畑のつかまえ役、そういったものに僕はなりたいんだよ。馬鹿げてることは知ってるよ。でも、ほんとうになりたいものといったら、それしかないね。馬鹿げていることは知っているけどさ」。

五　パーソナル・アイディアル

ホールデンが心底からやりたいと思っていることが、あまりにも不定型で荒唐無稽であるために、彼自身がそれに確信がもてず、馬鹿げたことではあるが、と留保を示している。しかしホールデンの心に根づいたこの理想は現実離れした、根拠のない絵空事なのだろうか。確かにそれは不確かで、微弱な声である。しかしそれに耳を傾ける者にとっては、きわめて強いトーンをもった印象的な声であるはずである。なによりもそれは、外からではなく自分自身の心のなかから湧きあがってくる、他のだれにも理解することのできない呼びかけである。

ケンテニッヒ神父は、個々の人間に、その人固有なものとして刻印される、この理想をパーソナル・アイディアルと表現している。パーソナル・アイディアルは一人の人間の人生指針であり、その人の能力や資質には見合ってはいるが、けっして外部環境によって形成されるものではなく、先天的に個々の人間にそなわっているものである。それは、はじめは不定型であり、象徴的で、かつ広漠としているので「暗号」といってもよいのだが、本人にとっての印象は、感度のよい場合は強烈である。いつからそれがはっきりと意識されるかは人によって異なるが、一般には象徴的表現をとる。ホールデンの「ライ麦畑のつかまえ役」などがそれである。成長過程で表現が少しずつ変わってくることもあり「〇〇になりたい」と具体的な形をとることもある。

パーソナル・アイディアルが人生の過程のなかでどのように実現していくのかは、実際に人生を歩んでみなければ分からない部分がある。聖フランシスコが「教会を建てよう」という自分の理想を、本物の建物の教会を建てることだと錯覚したように、理想を実現していく過程にはさまざまな試行錯誤がともなうのが通常である。

しばしば現実はパーソナル・アイディアルの障害として前途に立ちふさがる。多くの人はそこで理想の灯の火を吹き消してしまう。ホールデンはそうではなかった。学校を転々と退学するという消極的な形であれ、暗号として示された自分の理想に固執したのである。ウィリアム・ジェームスは生涯ひどい鬱病に悩まされながらも、偉大な業績を残したが、彼にとってもその生涯は現実とパーソナル・アイディアルの絶えざる葛藤であったことが理解できる。彼は『心理学の原理』のなかで、仕事をしようと決断させるものを「なぜなにかが私に興味を惹き、私の方までのびてきて、私を捉えるのか」と表現しているが、この「なにか」が彼にとっては、自分がほんとうになすべきことへの指針であったのである。

組織社会で、他律的に生きることが当然と考える現代人には、とかくパーソナル・アイディアルが見失われやすい。しかしそれを固持することこそ、組織の論理に振りまわされずに、自己をのばし、自分の人生に対する真の満足を得る道なのである。そして、それによって、人間は代替可能な機械の一部品ではなくて、この世に自分だけにしかできない固有の目的をもって生まれてきたのだという確信をもつこともできる。葛藤があろうとも、挫折があろうとも、自己のパーソナル・アイディアルを信じ、それにしたがって生きようとする人間には、いつか道が開けて、理想が現実になるにちがいない。それゆえに、「タラントンを土の中に埋めておく」(マタイ25の25)という聖書の比喩は、まさにパーソナル・アイディアルを抑圧してしまうことを意味しているのである。

地球社会と時代の転換

一　危機としての客観的現実

現代では、地球上のいかなる地域に居住していようとも、人間の生活が世界的規模で規定されていることを体験する。個々人の経済的生活一つを取り上げても、世界のあらゆる地域を席巻した産業構造に支えられていることに気づく。交通・通信技術の発展により、地球上の時間・空間的距離が著しく縮小され、世界各地のあらゆる重要な出来事が時々刻々と全世界の人々に伝達され、各地域を結ぶ交通網により、遠隔の地の人々の交流もきわめて容易になった。いわば地球上の全人類が運命を共同にする強大な一集団を形成するに至ったといえる。地球上の各地域に各個独立して存在していた社会が、一つの世界社会、地球社会へと統合しつつある。過去の歴史にかつてありえなかった社会的転換である。

グローバルな地球社会は、自然環境への適応という観点からみれば、強力で複雑な社会システムの構築による安定性を実現しつつあるが、現実には、人類全体におよぶ危機が顕著な兆候をともなって恒常化している。東西両陣営の核兵器を中心にした軍拡競争は、核の脅威＝抑止という論理で、理性ではもはや理解できないところまでエスカレートしている。すでに五万発以上の核爆弾が保有され、全面戦争になれば五億から十五億の人間の命が一瞬のうちに失われるであろうと推定されている。他方、工業化社会諸国の過剰な豊かさに比して、第三世界の経済状態は、ますます悪化する傾向にあり、それら諸国での貧困と飢餓が人々の生活を著しく苦しめている。しかも皮相的な事実は、軍事費に用いられる資金を、貧しい国々への援助に転用するならば、貧困と飢餓を確実に解消できるということだ。さらに生産重視の工業化政策による自然環境の破壊が今や比類なきほどに進み、資源の乱用も止めえないものになっている。それにもかかわらず、地球の存続をおびやかすこれらの恒常的危機を確実に回避するための方策を地球社会は今もって提示できない。

もちろん、この構造的な地球の危機に強い憂慮と関心をよせる一部の識者や活動グループは、言論や実践を通じて、根強い献身的な努力を傾けている。しかしながら、それが根本的な解決の鍵をにぎる政治への十分な圧力となっていない。核の脅威、第三世界の貧困と飢餓、自然環境の破壊は、いずれも人為的な愚行にもとづくものであり、人類はそれを熟知しながら阻止する術を知らない。一九八五年の夏、広島平和コンサートを指揮したレナード・バーンスタインが広島平和資料記念館を訪れた直後に、印象を問われ、「まず第一に強く感じたことは〝絶望〟であった」と語っていたが、その理由を、人類がこれほど悲惨なヒロシマの出来事を体験しながら、その後平和のために一歩も前進していないように見えることだ、と説明していた。

確かに現代の地球全体におよぶ危機に対して、多くの人々の心を占めているのは、その絶望と無力感であり、それはさらに表面的な無関心へと通じているようなのである。

二　工業化社会の日常的幸福感

この無関心は、地球社会の危機の解消に、イニシアティブをとるはずの、工業化社会の人間の一般的生活態度に顕著にあらわれている。経済的不況が絶えず話題にされるが、大戦後の四十年間を通じて、先進諸国の人々の経済生活が決定的に脅かされることはなかった。経済システムが強固なものになっている上に、政治はこの経済システムの維持を至上命令としているからである。

しかし、この経済的豊かさに一つのトリックがある。生産様式が大量生産を不可避なものとするにおよび、消費がソフトなベールにつつまれて人々に強制される。コマーシャリズムを通じて消費衝動が操作され、人々の物的欲求が絶えず新たに増幅されていく。消費者はかならずしも必要ではない商品を購買せざるをえないはめに陥っているにもかかわらず、そのことに気づかないまでに、意識を鈍化させられている。

たとえば、自動車は絶えずモデルチェンジされ、豊富な車種がマーケットに溢れ、ユーザーはまだ十分に使える車を買い換える。ファッションへの感覚が繊細になり、衣類はもっぱらおしゃれのために身につけるものと考えられ、ふんだんに着こなすことが価値となる。ショッピングの楽しみ、お金を使うことの快感、資本主義社会では、どうやら消費行為そのものが、ささやかな日常的幸福感の大切な一要素になっているようだ。ヤングに向かって、君たちは必要のないものを買わされているにすぎないのだ、ということを説得することはほとんど不可能であろう。消費の機能が変化してきているのだ。パノラマのように繰り広げられるバラエティーに富んだ数々の商品のパレードが、消費者の目を奪い、華やかさ、目新しさ、明るさ、豊かさの雰囲気をかもし出し、幸福感を生み出す。虚構の「バラ色」の社会が目前に彷彿としてくる仕掛けだ。

情報の消費も忘れてはならない。マスメディアによって作り出される疑似環境は、総じて社会を現状肯定的に明るいイメージで描く。テレビの娯楽番組にみられる軽佻浮薄さ、コミック誌の普及等が、象徴的に、大衆のスカイブルー的な明るさへの強い憧憬を暗示している。テレビに出演するタレントに求められている無条件のパーソナリティが、屈託のなさと明るさである。笑いの対象にならないメディア内容は、刑事・犯罪ものや不倫ものといった視聴者の潜在欲求を満足させるもの以外、マイナーとしての地位しか与えられない。

ニュース報道は確かに社会で日々生じる重大な出来事を公衆に提示する努力を怠らない。当然のことながら悲惨や苦しみ、社会の危機状況も報道される。しかしマスメディアが提供する膨大な情報の洪水のなかで、悲劇や危機は容易に相対化されてしまう。ジャンボ機墜落による乗客全員の死亡という惨事も、当の事件とは脈絡のない明るいニュースや、軽々しいコマーシャルにサンドイッチされて視聴者の印象を曖昧なものにする。その日の野球の結果が同じくらいに気になるということが不思議ではなくなっている。そして一つの悲劇は、つぎからつぎへと新たに生ずる事件の堆積のなかでまたたく間に忘れ去られてしまう。核の脅威のように、問題が恒常化していればいるほど、東西両首脳のデタント交渉とかチェルノブイリの原発事故でもないかぎり一つの出来事として引き出しの奥にしまわれてしまう。世界のあらゆる出来事が報道されるからこそ、地球社会の現実が不確かなものとなり、人々はマスメディアが提示する明るさのイメージを現実と取り違える。そしてふたたび虚構の「バラ色の世界」のなかで、ささやかな日常的幸福感にひたるのである。それがかりそめの安穏な生活であることに薄々気がつきながら。

三　複雑化した社会システムと個人の無力感

こうして人々は、現実化している地球社会存亡の危機をぼんやりと認知していながら、彼らの心のなかには無関心が浸透していく。しかし現実をいかに無意識下に沈みこめても、脅威そのものを取り除くことができない。個人の力をもってしては如何ともしがたく、しかもブルドーザのようにひしひしと身に迫ってくるこうした脅威は、それが直視されるならば、一部の信念をもつ人々をのぞいて、大衆を無力感、絶望へと駆り立てていくにちがいない。いいかえれば、危機感が自明であるからこそ、人々は見せかけの「明るい現実」に逃避しようとする。直視することが絶望へとつながるからこそ、見て見ぬふりをしようとしている。これはけっして誇張ではない。現代人に、根本的な意味での希望が欠如していることは、一人ひとりが胸に手を当てて自省してみれば明らかなことである。

ところで、環境適応に対する堅固な安定性を保持する現代の社会システムは、同時にきわめて高度な複雑性をそなえている。この社会システムにおいて、当面する世界規模の危機を解消する機能は、主として政治に委ねられている。その場合、大衆レベルでの民意を政治に反映することがきわめてむずかしくなっているという事実が指摘できる。無名の一少年のレーガン大統領やゴルバチョフ首相への核廃絶、あるいは飢餓救済の直訴が、即、首脳会談や援助活動を実現するというようなことは、マスコミが介在したとしても、まずありえないことだ。前述したように世界の著名な学者や活動グループをもってしても簡単に政治を動かすことができないのである。核軍拡も南北問題も、根本的には、東西を問わず、先進工業国の現体制の維持に結びついた、構造的な政治問題だからである。

先進諸国の目指すものが経済的繁栄であり、社会システムはその目標を達成するために機能する仕掛けになっている。実際には、ミルズが言うように、経済、政治、軍事の制度において集権化され官僚制化された命令ポストを占めるパワー・エリートが結束して不動の権力頂点を形成している。このシステムに自国の経済体制維持とは異なる論理に立ち、大衆の一員として政治への提言をしていくことがいかに困難をきわめることであるかは、容易に想像できよう。

それにもかかわらず、大衆レベルで政治を動かす方策は世論の形成をおいてないことを留意しなければならないであろう。最近のマスコミ研究では、世論の形成すらも、マスメディアのイニシアティブに負うところが多いという事実が明らかにされているが、それでも、個々人のあいだに核廃絶や第三世界の貧困への援助を求める熱意が動かしがたいものになってくれば、マスコミが連動して世論が形成される可能性がなくはない。しかし、現実に世論が形成されるという保証はどこにもない。そしてそれ以上に大衆のあいだに、現代世界の危機への真剣な対応という目覚めた意識が生まれるか否かも予測できない。ただ、大衆のアパシーを脱する一つの道は存在すると思う。

四　組織と人間の受動性

システム化が進む社会では、あらゆる問題が組織を通じて解決される仕組みになっていく。経済活動は企業を通じて行われるが、それら企業や企業のあいだの流通・情報システムが、いかに膨大になり、複雑になり、相互に錯綜していることか。そしてさまざまな政治・社会問題の解決のために、それに対応した公共機関が設置され、全体として巨大化していく。一方、組織が複雑、肥大化していく過程で、その組織に組み込まれる個人は必然的に歯車的存在であることを強いられる。つまり組織のなかでの個人の職務内容が厳密に固定され、個人はあらかじめ型取りされた職務を受動的に遂行すればよいようになっている。知的な仕事では創意・工夫が求められるというが、職務が機能的に遂行されるので、機能に応じて分化された一部分が職務内容となり、その分担範囲での創意・工夫が求められているにすぎない。こうして、与えられた課題は果たすが、それ以上のことはしないという受動的な姿勢が身についてしまう。今の子供たちの学習態度は、組織化社会の生き方の如実な反映である。

機能集団としての組織のなかの個人は、統合的人格として主体的に他人とかかわり、物事を処することができなくなる。統一ある人格者として自分の関心事にかかわることを妨げられるため、職務を離れた私人としての時間にも、断片的にしか、人と物事と、つまり世界とかかわりえないのである。だから組織のなかで大勢の人と仕事を共にしていながら、お互いに全人格をもって交わりをもつことがほとんどなく、せいぜい遊びの世界という消極的領域で人格的なコミュニケーションが行われる。日本社会の職場の結束も、仕事の成果を上げるという功利的な動機にもとづくもので、主体的なかかわりがあるわけではない。現在、人間同士をさまざまな形で結びつけているものが、なんと希薄になっていることであろうか。

ミヒャエル・エンデの『鏡のなかの鏡』に――貴婦人は馬車の窓の黒いカーテンをひいて、たずねた。――という短編があるが、この物語に登場する老人の貴婦人に対する答えが、大変示唆的である。「きっとあんただって気づいておられるじゃろうが、この世界は断片だけからなりたっている。そしてどの断片もほかの断片とはもう関係がなくなっている。わしらのところからあの言葉が消えてしもうてから、そうなったんじゃ。おまけに、なんとも困った話じゃが、断片はどんどんこわれつづけ、おたがいをつなぐものが、ますます少なくなっている。あらゆるものをもう一度結びつけるあの言葉がみつからなかったら、そのうち世界はすっかり粉々になってしまうじゃろう」。

五　失われた言葉の解読

エンデの真意は知らぬが、老人のいう「失われた言葉」は一考に値する。自分や自分の集団の経済的利害にしか関心がないのであれば、そしてそれが侵されない限り、受動的に自分の職務のみを全うするのであれば、社会の多様な問題を解決する機能集団がそれぞれ完璧に問題を処理しえたとしても、社会はバラバラであり、真の意味の統合は達成されない。エンデの言う「言葉」は、私流に言えばまず、個々人の物事に対する主体的な眼差しと、見たことへの無条件な反応である。それは自己の生命保持をのみ、思い煩うのではなく、他者の困窮への配慮を前提としている。

地球上の人口が急激に増大し、しかも全人類が一つの運命共同体を形成するに至った今日、個々人が問われていることは、自己の生存権の拡大ではなく、共存のための他者への自己の生存権の委譲である。T・シャルダンの言う「圧縮された社会化」へと地球社会が転換していくのだとすれば、人類の未来史はその方向へ向かって、気の遠くなるほど長い年月をかけて歩み出していくはずであり、その端緒となる現代、少なくとも人類の共存と真の集団化のための指標を模索しなければならないのではないだろうか。

話をもとへ戻せば、そのために、先ほどの「他者の困窮への配慮」が地球上のすべての人間に、とりわけ豊かな国の人々に、絶対的要請として問われるのではないかと思う。この視点はキリスト教的に解釈すれば、きわめて明白になる。善きサマリア人のふるまい（ルカ10の25～37参照）がそれである。サマリア人が旅の途中助けた人は、彼にとって何の利害関係もない見ず知らずの人であった。たまたまその人の困窮を見たがゆえに、必要な助けを施した。他者の困窮が見えたということと、見えた困窮に対して自分に為しうる精一杯のことを行って、他者を助けたということが特徴的である。なぜなら祭司もレビ人も同じように他者の困窮を見たはずなのだが、それを困窮と認めなかったか、あるいは困窮を認めたが、自分の都合を合理化して見て見ぬふりをして立ち去ったからである。

現代人は、構造的にこの祭司やレビ人の態度をとりがちである。身についた受動性のゆえに、自己の職務を離れた領域でも、主体的に行為することができない。それは私の仕事ではない。しかるべき部署がそれを処理するであろう。すべてがそれで片付けられてしまう。しかし現に、政治は第三世界の貧困を解決できない。それでも個々人は自分にできる何がしかのことは実行しうるのである。それが最終的解決にならないとしても。

祭司やレビ人的心理は、もう少し分析してみる必要がある。だれも見ていない状況という設定がおもしろい。だれも見ていないからこそ、自分の判断にしたがって、主体的に行動するチャンスが与えられている。だれかに支持されるのではなく、自分自身で決定しなければならない状況。しかし、祭司やレビ人は社会通念に逃げた。他の人たちならどうするだろうか。自分の同僚たちもやはり見て見ぬふりをするだろう。この心理分析はやや勝手な、現代的解釈かもしれない。しかし、現代人を祭司やレビ人の立場に立たせてみると、この解釈が実にピタリと当てはまる。

六　大衆化社会の大衆人間

ケンテニッヒ神父は、大衆人間とは、他人のすることを、他人がするからという理由で、自分もする人間である、と説明している。大衆人間は、自分が見たり聞いたりしたことに対して、自分自身で判断をもたない人間である、彼は何事にも関心がもてない。だから何事も真面目に受けとめない。彼が唯一、心から愛着をいだいていることは、自分の経済的利益である。自分の経済的利益に対しては感じやすく、耳ざとい。彼の心を占めているのはそのことだけである。彼は自分に与えられた自由や、決定を実行する能力をどのように使ってよいのかが分からない。だれかが自分のために決定してくれれば、彼はそれで満足である。ケンテニッヒが描く大衆人間像は見事に大衆社会の現代人に適合する。

大衆のなかに埋没し、集団にすっぽりと浸かって身を守り、集団の動くままに、自分も流されていくならば、存在的不安にかられることもなく、気楽であるにちがいない。しかし、大衆の流れに逆らわず、他人と同じように行動するという生き方からは、善きサマリア人的な行動が生まれるはずがない。日本テレビのテレソン番組「愛は地球を救う」では、十億円もの善意の人からの募金が集まる。それは確かに素晴らしいことであるが、少し厳しい見方をすれば、手放しで喜ぶわけにはいかない。マスコミの専門家の分析では、他の大勢の人が協力しているのに、自分もしなければ、という罪障感が視聴者のあいだに生まれ、大勢の人々の募金という結果になるという。その意味ではやはり大衆行動の域を出ていない。

他人に左右されず、自分の判断で他者の困窮に援助の手を差しのべるという行動がとれなければ、依然として無力感と空虚感を脱することができないであろう。他者の困窮への感受性をもち、主体的に行動できる人格化された人間になるにはどうすればよいかを考えねばならない。

七　他者のための共同体の形成

ここで私が提言できる一つのことは、共同体の形成である。すでに述べたように、大衆化社会は、個人は集団に所属してはいるが、受動的にかかわっており、主体的な行動がとれず、個々に分裂している。家族構成員のあいだですら、人格的交わりが失われつつあり、他者への関心が著しく希薄になり、自分の力で社会的問題を解決していこうとする意志力が欠如している。近代社会では少なくとも中産階級と地域社会の自律性が維持され、政治への影響力もあった。現在、機能集団は存在しても、人間の問題をトータルにとりあげ、自律的に改善していこうとする共同体は存在しない。

イバン・イリイチが自己規制的なコミュニティーを可能にするコモンズの回復を唱えているが、それが近代社会以前の単なる身分的、因習的な地域を共同体と考えているのではないとすれば賛成である。伝統的な共同体には、共同体のエゴが根強く残っていた。自分たちの利益を守るための共同体であれば、ここで考えている新しい共同体ではない。日本の社会では、この点は十分に留意されなければならない。日本社会の倫理は、同胞集団内部でだけ通用するものであった。したがって「余所者」は、助け合いの対象にはなりえない。日本では今でもこうした考えが根強いので、新たな共同体においても、集団エゴが前面に出てくる危険性がある。善きサマリア人の善行がまさにこの対極にあることは自明のことと思う。

新たな共同体は、他者のための共同体でなければならない。共同体内の他者の困窮に対する配慮と、自律的な救済はもちろん推賞される。しかしそれに終わってはならない。共同体外の他者のためにこそ、共同体は存在しなければならない。関心を研ぎ澄まし、絶えず他者への配慮が払えるよう、共同体のメンバーは話し合いを通じて互いに切磋琢磨しあう。利害や機能で関係し合っているのではなく、全存在で人格的に結び合っている。このような共同体の形成によって、人は無関心と無気力から解放され、日々生ずる諸問題を自分たちで解決しようと努めるようになるだろう（もちろん最終的解決は、政治や経済という社会の部分システムが機能しなければならないが、その契機となるのは個人レベルでの関心の活性化である）。地球社会が一つになり、未来に生きのびるためには、このような共同体の形成を一つの絶対的条件としているように思う。

「豊かな社会」の倦怠《アンニュイ》

一　人生観の変化

戦後の荒廃し無一物と化した社会で、日本人がアメリカ映画を観ては夢みた「豊かな社会」が現実となって久しい。（経済不況が長びき、景気が低迷している現在でも、日本が経済的に豊かな国であることは、否定しえない事実である。）その間に人々の暮らしぶりも変わり、生活観も変わってきた。「今にきっと良くなってみせるぞ」という功名心に支えられ、働きづくめで後ろを振り返えることもしなかった人々が年金生活に入っている。形振《なりふ》り構わず、が通用し、そうでなければやってもいけなかった世代であった。それだけに、所詮かなわぬかもしれぬという懸念をいだきつつも、理想というものが明確化され、将来私はこういうことをしたい、こういう人物になりたい、という具体的な自分の未来像をもちえた時代であったとも言える。他方で実際の生活は暗中模索の状態であり、挫折もしばしばであったから、生き方が必死で問われた。われわれ中年世代にはその余韻が残っているが、若い世代の人生観ははっきりと変わってきている。

たぶん年輩者をしていらだたせ、いぶかしがらせるのはこの点である。青年たちに「君は将来何になりたい」とたずねても、しばしば答えがかえってこない。かえってきても、社長になりたいではなく、一流会社に入りたい、であったりする。それは理想とか、野心とかいうものではなかろうと先輩たちは言いたくなる。

しかし青年に理想がないはずがない。

W・H・ホワイトは『オーガニゼーション・マン』のなかで、青年に野心がなくなったのではなく、野心の性質が変わったのだと述べている。彼によればそれは「受け身の野心」と呼ばれるべきものである。現実離れのした野心は、ひそかに胸の奥深くに秘められていることがあるとしても、口に出されることはない。むしろ青年たちが実現可能な理想として考えているのは、何百人かの有為な人々の仲間の一人になれるような人生である。端的に表現すれば、できるだけ優れた人材を擁する組織の一員となることである。あとは組織に自己を委ね、組織が自分の適性に応じてふさわしい部署に配してくれることを信頼するだけである。自分で将来の展望を描いてみたところでそれは机上の空論にすぎない。無理な理想にしがみついて一人相撲をとるよりは、組織に従属しようともその采配にしたがって人並みに階段を上っていけばよい。それは、年齢と業績にふさわしい地位と収入、同年輩の仲間と釣り合いのとれた昇進等が保証されるということであり、その場合、仲間より少し先を進めるのであれば非常に望ましいことである。だから独り善がりな高い理想をかかげて、その達成のためにがむしゃらに仕事に精を出そうとは思わない。仕事にも打ち込むが生活もエンジョイしたい。

ハングリー精神などは多くの青年にとってはその生い立ちからして無縁なものになってきている。経済的には一応不自由せずにやっていける見通しがあるのだから、快適に、スマートに、他人と無用な摩擦を起こさずに屈託なく生きていければ幸せなのであろう。ささやかな充実感といえばそれまでだが、確かにそれが最近の日本人の一般的な庶民感情となってきているように思う。しかし空前の豊かさのなかで、われわれの日常生活は期待しているほどには快適なものではなくなりつつあるのが実状である。

二　ゆとりのある生活を脅かす忙しさ

週休二日制を実施する企業が多くなり、レジャー・ブームとも言われているが、多くのサラリーマンの仕事ぶりをみると、余暇が増えるどころか一層忙しくなってきている。ある統計によれば家族の団欒の時間が以前より少なくなってきており、家族が一堂に顔を合わせる時間があまりなくなってきているそうだ。働き手である男性は帰宅が遅く早朝に出勤していく。したがって家族がゆっくりと話し合う時間がない。休日には平日の疲労がでて家庭サービスどころではなく、遅くまで寝ているか一日中ゴロゴロしている。さもなければゴルフでせっかくの休日が主人《あるじ》不在となる。それでも休みがとれればまだいい。平日の帰宅後や休日にも自宅で会社の仕事をしなければならないサラリーマンも増えているという。ともかく確実に「忙しさ」がエスカレートしているのである。

これほど豊かになってもそれほどまでに働かなければ日本の経済はなりたっていかないのであろうかと素朴な疑問を発したくなる。しかも前述したように、多くの人がプライベートな時間を削ってまでもあくせくと働いて立身出世したいとは思っていない時代なのである。仕事をしたくて仕方がないのだという自分の積極的意志で働いているというよりは、仕方なく忙しい生活を送っているとしか言いようがない。もちろん仕事に生きがいを感じていることを否定するつもりはない。ただそこまで忙しくしなければいけないのであろうか。

理由は推測できる。会社は自分が現在課せられた業務を、どの程度果たすことができるかを評定している。その評定が十年後の収入や役職の格差となってあらわれてくるのである。だから今自分に課せられている任務を所定の時間に遂行できなければ、残業をしてでも、休日を返上してでもやり遂げなければならない。確かに厳しい、しかし十年後に同僚とのあいだに収入においても、地位においても著しい遅れをとったとしたら、それこそ悲惨ではないか。その上予期していた収入に達していなければ家のローンの返済や子供の教育費にもこと欠くことになる。だから苦しくともこの忙しさを堪えていかなければならないのである。

妻の立場ではこうした夫の状況をどう受けとめるのであろう。家庭での夫の不在や対話の時間のないことに当然不満があるはずである。子供たちとも遊んでもらいたいし、家事や教育のことについてもゆっくり話し合いたいと思う。しかし夫がこうして働いているからこそ一戸建ての家に住めるし、子供の教育費も捻出できる。この生活を失わないためには仕方のないことなのだと自分にいい聞かせる。子供たちはほんとうは淋しいのであろうが、父親のいないことが当り前となり、休日たまに父親が一日家にいると怪訝な顔をする。子供たちは子供たちで学校の他に塾やお稽古ごとで忙しい。経済的には豊かであるが、時間的ゆとりのない、コミュニケーションを欠いたバラバラな家庭の姿が浮び上ってくる。

三 「人並みに」という生活規範

ゆとりのある快適な生活を望んでいるのにもかかわらず奇妙にそれが実現しない。それはわれわれがもう一つの生活願望にこだわっているからにほかならない。つまり「人並みな生活」ということである。人並みな生活という場合にはまわりの他人との比較が問題になる。自分の同輩と思う人々と比べて生活が同等であるということが重要なのであり、とくにそれが少し上まわっていれば理想的である。たとえば会社の同僚や同期の級友の収入、昇進が気になり、ご近所の人々の暮しむきが気になる。

他人と同じようでなければならないという傾向は欧米の場合は今世紀後半からとくに顕著になった。E・フロムはこの現象を「匿名の権威」によって説明する。現代の社会では明白な権威がほとんど目につかなくなった。父親、教師、上司、長の命令や禁止があまり行使されなくなっている。その代わりに目に見えない、匿名の権威が幅をきかせていると彼は言う。匿名の権威はある特定の個人に帰属せず、強いて言うならば集団のなかに漠然と存在する。E・フロムは『正気の社会』のなかでこの匿名の権威の個人に対する作用をつぎのように述べている。「匿名の権威のはたらくメカニズムは、同調である。わたしは同調しなければならず、他と相違したり、『はみだし』てはならないから、だれもがすべきことをすべきである。つまり、行動の型が変わるにつれて、いつでも変化でき、喜んで変化しなければならない。わたしは、自分が正しいかまちがっているかをたずねてはならないのであって、適応しているか、『一風変わって』はいないか、他と異なってはいないかとたずねなければいけない。わたしの中で変わらない唯一のものは、いつでも変化する用意があるということだけである。わたしが、その一部分であり、しかも服従している群集のほかは、なんぴとたりともわたしにたいして力をもっていない」（『世界の名著』加藤正明・佐瀬隆夫訳）。

適応性が現代社会でかくも重要な価値として認められていることが明白になったと思うが、その背景には近代化という社会変動にともなう労働観の大きな変化があったことを見落とすことができない。みずから生産手段をもたず、企業に雇用されて働く人間が大多数になってきた社会では、個人には職場を選ぶという権限しか残されていない。しかしどういう仕事につくことができるかは、本人の意志であるよりも、企業側が求職者に期待する適性があるかないかで決まる。そういう形で決まった職業が常に自分のしたい仕事であることは少なく、たとえ望んでいた職業につくことができたとしても、分業化された機械的な職務、しかも配置転換が絶えず行われるような職務に、仕事そのものによる完全な満足感が与えられるわけがない。収入、地位、職場環境といった付帯的なもので満足を得るしかない。

したがって労働には、生活の目的であるよりも生活の手段であるという性質から派生する受動的性格が生じ、企業の関心がどうしたら個々の労働者の意欲を高め、その生産性を増大するかという問題に向けられる。メイヨーの主宰したホーソン研究（ホーソン工場で行われた労働者の勤労意欲と職場環境の関係に関する研究）の成果として生まれた人間関係論はこの問題に一つの解決の方向を与えた。メイヨーは、いつも仲間と結びついて働きたいという人間の願望は、もっとも強いとまでは言えないにしろ、人間の強い願望であると考える。常に集団の一員としての関係が保証されているところから、人間の安らぎと確かさの感情が生まれてくると確信する彼は、いかにしたら個人が組織に帰属できるかを問題にした。企業の立場から言えばどうしたら軋轢を少なくして働かせることができるかということである。

メイヨー以降、産業社会学における人間関係論的アプローチが発展していくが、基本的には、労働者が幸福感を感ずるときに生産性が上がるのであるから、そういった職場環境を作りだすということである。軋轢のない職場の条件とは、つまるところ労働者の組織に対する同調・順応であった。微笑みをたやさず、明朗で、人当りのやわらかい、協調性のある人々で構成される職場。確かに現実のオフィスや工場の多くはそうなってきている。しかしそれが本当の喜びや生きがいの表現であるかは別のことである。

四　自分の時間を失う

実質的な労働時間が増加の傾向にあることは、先に述べた通りであるが、組織への順応が個人にとって価値として受けとめられるならば、この増加に歯止めをすることはかなりむずかしくなる。昔はもっと長時間働いたというが、労働の性質がちがっていた。物を作る職人は一日中仕事場に座っていたかもしれない。しかし彼はその製品を、自分のテンポで、丹精こめて作りだした。仕事をしながら彼は人生についていろいろと思いめぐらすことができた。家族の者たちとも必要なコミュニケーションは仕事の合間にはかれた。農業にも同じことが言える。仕事は早朝から夜遅くまでのきついものであったことだろう。しかし家族全員での仕事であり、作物の収穫には喜びがあった。

これに対し、現代の労働は「組織における労働」である。大多数の人は組織を通じて労働をする以外に生活の糧を得る道がない。しかも組織はその自己目的にしたがって生産の合理化を推し進め、組織の成員の労働の質は能率化の観点から否応なく成員の自己の労働ペースを無視したものになっていく。創造、創意の喜びがうばわれ、自己の独自の領域で仕事をしているという実感をともなわない。労働にかぎらず生活のあらゆる分野で、組織の論理で枠組のされたお仕着せの作業が用意され、個人はそれを機械的に処理するにすぎない。こうした生活条件のもとで個人が自己意識をもって主体的に生きるには、かなりの努力を必要とする。

ちなみに現代人が無感動になってきているとよく言われる。熱中したり、好奇心を燃やしたり、何かに関心を持つということがあまりないというのは、多くの人の実感ではないだろうか。一応仕事には満足しているが、よく考えてみると本当の充実感がない、生活に不自由はないが十分に生きがいがあるとは言えない、と考えている人も多い。そして仕事そのものへのかかわり方をみると、自分の外部にある何かに駆り立てられて仕事をしており、いつも仕事をしていないとむしろ倦怠《アンニュイ》に陥る。そして一部の人たちは、自分が本当にしたいことをしていないということに気がつく。

ミヒャエル・エンデは話題作『モモ』のなかでこうした現代社会の人間の自己喪失をたくみに描いてみせる。主人公の少女モモは施設を抜けだして古代の円形劇場の廃墟に住んでいる浮浪児である。彼女には不思議な魅力があって、淋しく、遊び相手のいない子供たちが彼女のまわりに集まってくる。ところがこの都会の時間貯蓄家が各地区ごとに〈子どもの家〉という施設を建て、町でぶらぶらしている子供たちをみなこの施設に収容するようになり、モモの友人たちもみな〈子どもの家〉に放りこまれてしまう。施設では子供たちが自分で遊びを工夫することは許されず、遊びを決めるのは監督の大人で、しかもその遊びは何か役に立つことを覚えることだけであった。子供たちはどうなったであろうか。『モモ』の一節を引用してみよう。「こうして子供たちは、ほかのあることを忘れてゆきました。ほかのあること、つまりそれは、たのしいと思うこと、むちゅうになること、夢みることです。しだいしだいに子どもたちは、小さな時間貯蓄家といった顔つきになってきました。やれと命じられたことを、いやいやながら、おもしろくもなさそうに、ふくれっつらでやります。そしてじぶんたちの好きなようにしていいと言われると、こんどはなにをしたらいいか、ぜんぜんわからないのです」（大島かおり訳・岩波書店）。

もちろん現代社会では生活様式が侵されるだけではなく、心もむしばまれてしまう。モモが時間を司る不思議な人物マイスター・ホラをたずねたときに、彼は人間が生きた時間、つまり本来自分のためのものである時間を失ってしまったらどうなるかを彼女に話して聞かせる。「はじめのうちは気がつかないていどだが、ある日きゅうに、なにもする気がしなくなってしまう。なにについても関心が持てなくなり、なにをしていてもおもしろくない。だがこの無気力はそのうちに消えるどころか、すこしずつはげしくなってゆく。日ごとに週をかさねるごとに、ひどくなるのだ。気分はますますゆううつになり、心の中はますますからっぽになり、じぶんにたいしても、世の中にたいしても不満がつのってくる。そのうちにこういう感情もなくなって、およそなにも感じなくなってしまう。なにもかも灰色で、どうでもよくなり、世の中がすっかりとおのいてしまって、じぶんとはなんのかかわりもないと思えてくる。怒ることもなければ、感激することもなく、よろこぶことも悲しむこともできなくなり、笑うことも泣くこともわすれてしまう。そうなると心の中はひえきって、もう人も物もいっさい愛することができない」。この病気をマイスター・ホラは致死的退屈症と名づけた。これはまさにわれわれが問題にしている現代社会の倦怠《アンニュイ》ではなかろうか。

五　集団のなかから自分のなかへ

組織の組み立てが精緻化する、つまりシステム化する社会で、個人が集団に無条件に順応すれば、自分自身の領域をまったく失ってしまう恐れがある。それにもかかわらず集団の要求を拒否できないのは、実はその人が集団にあまりにも固執しすぎているということなのである。そういう人は無意識に集団の論理にしがみついている。つまり集団しか生存の基盤がないという考え方である。しかしこれは明らかに行き過ぎである。自己意識にしたがい、ほんとうに自分が望んでいる生き方をするためには、むしろ集団への癒着から自己を解放すること、集団に対して超然とした態度をとることが大切であろう。ある意味ではひとりぼっちになることを恐れてはならぬということである。

この小論では、個人の集団への帰順の危険を、欧米社会を想定して、警告する識者の主張によって論証してきた。しかし欧米と日本では、実状にはかなりの開きがある。欧米には個人主義の伝統があり、集団によって自己を失うまいとする考えが依然として根強いし、プライベートな生活も大切にしている。だからこそ個人の集団への埋没に対して警戒感も強い。これに対し日本では集団への依存を容認する集団主義が社会に浸透していて、欧米的な個人主義が開化することがなかった。それゆえ、社会の近代化に付随して地歩を占めるにいたった新たな、能率を追及し、個人を規格化する集団主義への抵抗力はいたって弱い。

日本でこのまま組織による個人の馴化が進み、個人が受動化・画一化され、自分の自由な時間を必要としなくなるか、自由な時間があっても何をしてよいかわからず、かえって倦怠《アンニュイ》に陥ることが多くなっていけば、多くの日本人が経済的には恵まれた生活をしていながら、マイスター・ホラのいう致死的退屈症の犠牲者になっていくであろう。

モモはマイスター・ホラのところへ一年間滞在するが、ある日、この世のものとは思えぬ、得も言われぬ美しい色と音楽を体験する。マイスターは、それはモモのために用意された時間であると教える。その後、モモは再び自分の住む都会に帰っていくが、あの色と音楽のことが忘れられない。ここでエンデはモモを通じてわれわれに実に感銘深い、人間の真実の心について語ってくれる。彼は言う。孤独にはいろいろある。しかし都会に再び帰ってきたモモの味わっている孤独は恐らくごくわずかな人しか知らない孤独、ましてこれほどの激しさをもってのしかかってくる孤独は他の誰ひとり知らないであろう。ところでどうしてモモはこれほどの孤独を味わっているのであろうか。そのわけは彼女があの音楽を聞き、あの色を見てしまったからなのである。彼女は時間の山にうずもれてしまったのである。彼女はあの音楽と色に圧倒されて、それを味わわなければよかったと思う。でも忘れてはならないと思いかえす。なぜなのか。「なぜなら、いま彼女が身をもって知ったこと――それは、もしほかの人びととわかちあえるのでなければ、それを持っているために破滅してしまうような、そういう富があるということだったからです。――」だれかに知らせずにはいられない。だれかに分かたずにはいられない。モモは自分自身のなかにそういうものを発見したのであった。そしてそのために彼女は強い孤独にとらわれたのであった。われわれも、一度、自分が身を置く組織に距離をとり、自分のなかに戻って、モモの体験したあの魅惑的な音楽を味わえないものであろうか。その結果として味わう孤独を通じて、せめて家族の人々、妻や子供たちとの交わりを回復できないものであろうか。

六　家族のなかに交わりを

私が東京にいたときの話である。それはS女子大の講義を終えて帰宅する途中のことであった。ちょうど桜が満開の季節で、春風に花びらが雪のように舞い、道のところどころには散った花びらが吹きだまっていた。ウィークデーの午後だったが、非番なのであろう、私の前を若い父親と二人の幼児、兄と妹が歩いていた。二人の子は立ちどまっては花びらを両の掌一杯に掬いあげ、「パパ見て、パパ見て」と代わる代わる、彼らの前を行く父親に話しかけていた。父親は照れくさいのか、彼らの方を振り向きもせずに先に歩いていく。私は微笑ましく思ったが、ふとこの二人の幼児は父親に美しい桜の花びらを見て欲しいだけではなく、その美しい花びらに歓喜する自分たちの姿を見て欲しかったのではなかろうかと思った。

最近あるテレビで、一人のサラリーマンの転職をテーマにした取材番組を見た。彼はあるコンピューター関連会社の技術課長であった。当時かなりの高給をとっていたが、仕事が忙しく家にいる時間が少なかった。二人の子供がいたが、たまに家にいて子供たちと遊びたいと思っても、子供たちは懐いてくれない。「いつも一緒にいなきゃー、子供は一緒に遊んでくれませんよ」と彼は言う。意を決して残業のない会社へ転職した。子供と一緒に過せる時間を作りたいがためである。収入はかなり減った。しかし彼は今の生活に満足しているという。週末、子供たちのサッカー試合を観戦し、応援している一家の場面が映されたが、ほんとうにうちとけて楽しそうな親子の姿であった。

「消費」に見る豊かさの虚構

一　欲しいから買うのか

スーパー・マーケットで子供連れの主婦が買物をしている姿は、きわめて日常的な光景である。お菓子コーナーで小さな子供は自分なりに品定めをし、欲しいと思ったお菓子を母親の同意も得ずに、籠に放りこんだりする。ときに母親はあわてて「これは買わないのよ」と子供をたしなめることもある。ふと思うのだが、分別のつかない幼児にとって、ケースに並んでいる商品が、お金を払わなければ手に入らないものであること、欲しいものを際限なく籠に入れれば、財布はたちまち空っぽになってしまうということを理解するのに、かなり時間がかかるのではないだろうか。たぶん、しつけの過程で、親の意志を全面的に押しつけ、子供の欲望を完全に封じることは困難なのではないだろうか。大人にとっても陳列ケースの魅力的な商品は、思わず理性を失わせてしまう魔力をもっている。レジの前に置いてあるチューインガムを、買う気なぞなかったのに、お金を払う前につい掴んでしまうというのも、スーパー側が巧妙に仕掛けたワナにまんまと引っかかってしまったからにほかならない。キャッシュカード・システムの普及は、消費者の購買行動を一層狂気に駆り立てた。カードで買える便利さで、ついつい自分の収入を計算に入れずに買い物をしてしまい、ひどい場合には破産にまで追いつめられてしまう。

実にありとあらゆる商品が出回っている。しかも時計一つにしたって、ショー・ケースにさまざまなメーカーの多種多様なデザインの時計が陳列され、どれを選んでよいのか迷ってしまうのである。これだけの商品は、消費者が望むから市場に溢れているのであろうか。大量消費時代といっても質的な変化が生じているとよく言われる。初期には単に同一品種の商品を大量に生産していたのだが、七十年代に入ると「多品種少量生産」が主流になってくるのである。生活必需品が不足している時代には、とにかく使用上の機能が満たされれば、消費者は満足したが、一応欲しいものがそろってしまうと、つぎには商品に対する選好性が優先してきて、使用上の機能は同一であっても、自分の趣味に合った品物を購入したくなるのが消費者心理というものだ。

林雄二郎は、商品には実用的機能と情報的機能があるが、社会が情報化するにしたがって、商品のもっている機能のなかで、実用的機能に比して情報的機能の比重が次第に高まっていく傾向があると言っている(『情報化社会』講談社現代新書、56ページ以下参照)。つまりわれわれが商品を購入するのは、その機能を利用するためであり、ボールペンであれば書くという機能を利用するために購入する。しかし実際にボールペンを購入する場合、店にはさまざまなボールペンが並んでいて、色や手ざわりやデザインで自分が気にいったものを選ぶことになる。この場合、色、手ざわり、デザインはボールペンの付随的な機能であり、書くという実用的な機能とは別種のものである。この機能を林は情報的機能と名づけるのだが、われわれがたくさんあるボールペンから一本を選んだとすれば、何本もあるボールペンがそれぞれわれわれに伝えてきた色やデザインという〝知らせ〟つまり情報のなかから自分の好みに合った一つの情報を選んだことになる。

商品の情報的機能が高まってきたということは、いわば消費者の選好性の尊重とも言えるのだが、それを鵜飲みにしてよいものであろうか。

二　消費者主権の真相

多品種少量生産体制になったということが、即、企業が消費者の選好パターンを反映した供給行動をしていることの証左にはならないだろうと考えている人は多いはずだ。産業が高度化するにつれ、オートメーションや技術革新による合理化で、機械制工場生産は巨大な生産組織を通じて行われるようになる。大規模工場の採算は、その設備投資に見合った生産量によって維持されるのだから、生産量すなわち供給量は、かならずしも需要に合わせて決定されるとは言いがたい。消費者の需要を上まわった生産量が工場の採算にとって必要であるならば、それだけの量の販売が達成されなければならない。

景気の低迷してきた現在、内需の拡大がアメリカからの圧力とさえなっているが、このこと一つをとっても、お腹が一杯だと言っている子供に、なおも食べることを強要しているようなものなのだ。経済学者は景気の後退をタブー化し、経済成長にあくまで固執するが、一般消費者のなかには、消費需要の拡大が、生産量を上げざるをえない生産者側の操作によるものであると気づいている人もいる。

ガルブレイスは、こうした立場を支持し、大量生産体制においては、生産された製品を販売するために、広告によって消費者の購買意欲を作り出している事実を隠さない。彼は有名な依存効果理論（「欲望は欲望を満足させる過程に依存する」）でつぎのようにその仕組みを説明している。

「財貨に対する関心は消費者の自発的な必要から起こるのではなく、むしろ依存効果によって生産過程自体から生まれる。生産を増加させるためには欲望を有効にあやつらなければならない。さもなければ生産の増加は起こらないであろう。すべての財貨についてこういえるわけではないが、大部分の財貨についてそういえるということとで十分である」（ガルブレイス著『ゆたかな社会』鈴木啓太郎訳　岩波書店、153ページ）。企業側にしてみれば、潜在的に無限な生産力に応じて生ずる生産物の販売の必要性を解決せねばならず、消費需要と価格、さらに価格に応じて求められる内容までもコントロールしなければならない。そのために目指している効果は、市場調査や宣伝によって「購買者から意思決定力——購買者のうちでこれは一切のコントロールを免れている——を奪い取り、それを自由自在に操作できる企業の側に移すことである」（ガルブレイス著『新しい産業国家』都留重人監訳　河出書房新社、246ページ）。

こうした見解にしたがうならば、大量消費社会の消費需要は生産者の供給に適合するよう作り出された需要であり、消費者の欲望も本来的な限度を越えて創出された欲望であり、社会的条件によって不当に歪められていることになる。

三　欲望の性質

フランスの社会学者ジャン・ボードリヤールは消費の動因をガルブレイスとは異なったとらえ方をする。彼によれば消費行動は社会における個人の差異化の努力に対するシンボリックな役割を担う。

「人びとはけっしてモノ自体を（その使用価値において）消費することはない。——理想的な準拠としてとらえられた自己の集団への所属を示すために、あるいは高い地位の集団をめざして自己の集団から抜け出すために、人びとは自分を他者と区別する記号として（もっとも広い意味での）モノを常に操作している」（ジャン・ボードリヤール著『消費社会の神話と構造』今村仁司、塚原史訳　紀伊国屋書店、68ページ）。

差異化のための消費という考え方は、一面の真理を言い当てている。多品種少量生産という経済現象に呼応するように、とくに現代の青年層の商品のこだわりには徹底したものがある。雑誌メディアの新たなジャンルとしてカタログ雑誌が登場してきた事実が示すように、一枚のTシャツすら微に入り細をうがった選択が行われる。服装や所持品、部屋のアクセサリー、小物によって自分の個性を主張する彼らの生活スタイルは、まさに差異化のための消費と言わねばなるまい。

ところでボードリヤールは、消費の動因たる欲望が差異化を目指しているのであれば、消費によって実現する差異化が、その都度、常に相対的なものであるからして、消費を促す欲望は際限のないものになると考える。つまり、ある地位をシンボライズするモノが、異なる地位の人々にも享受されるようになれば、新たなモノの消費によって、自己の地位を新たに差異化しなければならなくなるからである。

これに対し、山崎正和はボードリヤールの欲望の理解に疑義をとなえる。彼の考えでは、物質的欲望は無限であるよりは、むしろあまりにも簡単に満足されてしまう。たとえば食物に対する欲望は一定限度の食事で満たされてしまい、それ以上は食べられない。したがって食欲の満足の仕方は、一度に好きなだけ食べてしまおうとするのではなく、より楽しむために小量の食物を最大の時間をかけて味わおうとする。この場合、食物を消耗するということが目的であるが、欲望はそれを目指しながら、しかし、同時にそこにいたる過程をできるだけ引きのばそうとしている。

「別のいひ方をするならば、人間には物質的欲望のうえにもうひとつの欲望があって、これがたえず物質的欲望の有限性を嘆き、それを引きのばすことのなかにみづからの満足を求めてゐる、と見ることもできる。これは、われわれの欲望についての欲望と呼んでもよいし、いっそ精神的欲望と呼んでもよいものであるが、たしかに、この第二の欲望は満足なしにどこまでも膨張する性質を持ってゐる」（山崎正和著『柔らかい個人主義の誕生』中公文庫、164ページ）。こうした欲望にもとづく消費はいわば時間の消費を目指すものであり、茶道に見られる一期一会的なゆとりのある生活を実現する消費なのだというのが山崎の主張である。

四　ショッピングの楽しみ

以上、産業化社会における消費行動に関する有力な見解を紹介したが、まだ言及されていない消費行動の心理的側面があるように思う。デパートやブティックでのウインドウ・ショッピングは、豊富な商品のなかに、自分の好みに合ったドレスやバックを見つけ出す喜びとか、新しい流行を知ったり、思いもつかなかった新しいデザインや商品に出会う喜び、さらには、つぎの機会にはあれを買おうと目星をつける楽しみなどがあるにちがいない。また多くの消費者にとっては、日用品を買うことが目的でスーパー・マーケットに行くだけで、なぜかささやかな幸福感を味わう機会となっている。美しく華やかで、明るいイメージの商品が豊富に店頭を飾っていることが、客自身の気持ちを豊かにし、明るくする。そして豊富な商品のなかから、自分が欲しいと思うものを自由に選びとる行為に一種の解放感を味わうのだ。店はあくまでも明るく豪華に飾りたてられ、ＢＧＭが流れ、店員はあくまで親切に応対し、どんな注文を出しても嫌な顔をせずに相談にのってくれる。

実はショッピングエリアがもはや単なる買物を目的とした顧客のための空間ではなく、アミューズメント・センターと化しているのである。アメリカの郊外や日本でも見られるようになったモールは、そうした事情を象徴的に表現している。それは買物に終わらずにひとときを楽しく過ごすことのできるゾーンなのである。だから訪れる人々は、目的の商品を買うだけでなく、いろいろな店をひやかし、コーナーでアイス・クリームをなめ、ゲーム・センターで興じ、お腹が空けば、好みのレストランを選んで食事を楽しむのである。

消費の概念を少し幅広く理解すれば、パッケージ化した旅行もまさに消費行動だ。観光バスでお決まりの観光コースをまわり、美しい景色や建物の前で記念写真を撮り、お風呂に入って、夕食に舌鼓を打ち、またしてもおみやげや工芸品の買物に多くの時間を費やす。こうした時の過ごし方は、モールでいわゆるショッピングに時を費やすのと少しも変わりがない。人々はいずれの場合にも、それによって一種の解放感と自由を享受しているのである。

商品を購入すること自体も楽しみの一つになっている。ただしそれは使用し、消耗したいと考えていた商品を手に入れたいという喜びだけではない。新しいものを所有することが楽しみなのだ。車を買い換え、テレビを買い換えることによって、生活が一層快適になるわけではない。新しい品物を手にしたことが喜びなのだ。結局、生産者の操作に、うまく馴化されてしまっただけではないかと言われれば、それもそうなのだが、大事な点は、いわゆるショッピングが現代人に恰好の気晴らしを提供しているということである。

しかしこの気晴らしは、残念ながらもう一つの生活の側面である生産行動における抑圧からの逃避なのである。前近代社会では、生活の場としての家族集団が生産と消費という二つの社会的機能を同時に果たしていた。近代化の過程で家族集団は消費をもっぱら引き受け、生産は企業で営まれるようになる。この機能分化はいうまでもなく、合理化追求の結果であり、生産に機械が導入され、さらにオートメーション化へと機械化が進展するにつれ、組織の巨大化、官僚制化が進行し、労働は機械の論理に支配されてしまう。こうした生産の場では、人間は歯車的存在となり、創造性、自発性を奪われてしまう。

確かに業績達成という形で、人々は目標を与えられはするが、それによって生産機構の歯車的機能が変わるわけではない。人間は受動的にならざるをえず、抑圧に苦しむ。消費が気晴らしとして求められる必然がそこにある。そして消費も受動的にならざるをえない。

エーリッヒ・フロムは、人間は消費の場では口をあけた永遠の乳飲み子のようなものだと言っている。つまり

「努力もせず、精神的能動性も持たずに、倦怠を紛らす（そして倦怠を生み出す）産業が押しつけるもの――煙草、酒、映画、テレビ、スポーツ、講演――を、余裕さえあれば何でも際限なく〈取り込む〉のだ」（エーリッヒ・フロム『希望の革命』作田啓一、佐野哲郎訳　紀伊国屋書店、70ページ）。しかし産業はこのようにして倦怠を紛らすことはできても、倦怠を押えることはできない。フロムは、これらの産業はむしろ倦怠を増大していると主張する。

五　人間性の回復を求めて

産業化社会の豊かさの代償として、人間は生産と消費のいずれの場においても多大な犠牲を強いられている様子が浮び上がってくる。少なくとも消費の場では満たされていたかに見えた能動性も幻想であったと言わざるをえない。

消費行動がもたらす満足感、物質的豊かさの享受や王侯的ふるまいが、ストレスの解消にはなっても、真の意味で人間性の回復にはなりえないからである。差異化という形での個性の自己主張も、せばめられた檻のなかでの自由なのではないか。また山崎正和の描く典雅な消費行動への移行も、受動的な生産構造が存在するかぎり、皮相的なものに思え、一般性に乏しく、社会全体を変革し、人間性を回復するダイナミックさが感じとれない。

人間性の回復という観点から、現代人の消費行動を反省してみる必要がある。消費が原則としてプライベートな生活領域での営為であることは言うまでもない。しかしながら現代の消費行動には、あまりにも他者への関心という視野が欠けている。つまり消費が自分や自分たちのかかわり事に限定されているのだ。自分や自分たち（家族、仲間）の満足だけが追求されるのであれば、プライベートな生活領域で他者への関心が閉ざされてしまうのは当然である。

生産の場では、厳格な業績達成を求められ、他者への同調に最大限の配慮を欠かさないが、それは他者への関心ではなく、業績達成に必要な範囲での受動的、機械的な反応でしかない。私的な生活では、他者に関心を払おうと意図すればできる。しかし消費に象徴されるように自己の満足に終始する。

電車のなかで「ゆずり合いの席」に少年たちが座り、老婆が立っていても知らん顔という情景に、だれが責任をとるべきなのであろうか。社会は彼らに忠告はしないのである。子供や孫のためには何でも買い与え、小学生がお年玉やお祝いで手にする金額は、正直納得できるものではない。産業化社会の人々は、自分や自分の子供たちのためには浪費もいとわないが、自分たちの消費が社会全体（むしろ世界全体）にどんな影響をおよぼしているのか、自然をどのように破壊しているのか、戦争や争いにどのように結びついているのかを考えようとはせず、目をつぶってきた。

しかし、物質的豊かさの追求が、人間の幸せにとっては消極的な解決策でしかないことも、薄々分かっているのである。

フロムはきわめて明確に、現状打破のために必要なことは、「今日の産業社会の政治的、社会的、文化的状況に応じた同情、愛、正義と真実の意識の目ざめであり、この目ざめを動機とする行動」であり、この人間的目ざめは、「世界の多くの地方の人間に加えられている苦しみ」や「貧困な民族のますますひどくなる物質的困窮および富んだ民族による彼らの搾取」などに対する、抗議のなかにあらわれていると言明している（前掲書207ページ）。

六　覚醒の兆し

今年度から、（一九九三年）私の大学で「国際平和と人権」という総合コースが開講され、私は「現代社会における平和」をテーマに分担講義をしているが、構造的暴力にも触れ、学生の提出レポートでは、犬飼道子の『人間の大地』を課題図書とした。提出されたレポートを読み終わり、私は学生たちの反応の激しさと感受性の豊かさに、予想外の驚きを禁じえなかった。確かに彼女たちの多くは、この地球上で現実に起こっている惨状について、マス・メディアの報道する通り一遍な知識しかもってはいなかったのだが、それだけに事実を知ってのショックは非常に大きかったのである。

一例を挙げてみよう。

『人間の大地』を読み終えた時、私は『フーッ』と深いため息をついた。やっと読み終わったという達成感ではなく、心にグサッと突き刺さる大きなショックで、何も考えることができなかったからである。私は、この本から、さまざまなことを学び、いろいろなことを考えさせられた。ボートピープルのこと。飢餓のこと。軍縮のこと。そしてとくに、先進国が大いに関与しているアグリビジネス、途上国への侵入には、驚きと怒り、悲しみを感じた。先進国が、途上国を貧しい国へと導いているのである」（英米文学科二年）。

『人間の大地』を読み終えて、抽象的なものではなく、現場目撃者乃至生存者の体験談の形態で書かれてあったので、読むたびに現実問題として考えさせられることばかりであった。とくにいま現在の「南」における難民、飢餓の実際の状態、そしてその脅威の正体は、私が想像していたものとはまったく異なり驚きと恐怖の連続だった。同じ大地に住んでいながら全人類の生活状態すら理解できていなかった自分がとても恥ずかしい」（日本文学科一年）。

「私が何かを消費するとき、それによって苦しむ人の存在を知った。助けたいと思った。日本は何をすべきなのか。いや、私は何をすればよいのか。私一人に何ができるのか。誰でもそう考えるであろう。しかし『構造的暴力』という問題を知り得たからには、何かせねばならない」（日本文学科一年）。

消費生活に首の先までつかっているかに思える青年たちの、この他者への関心の開花は、われわれに大いなる希望を与えるのではないだろうか。恐らく無意識ではあっても、表面、消費行動の先端を行くかに見える彼女たちも、倦怠を感じとっているのかもしれない。それでなければ、あの敏感な反応は理解できない。

もちろん受けた衝撃と、それに応じた決意は、時間がたち、心が落ち着いてくれば薄らいでいくものかもしれない。しかし、彼らが切実に現実の矛盾を感じ、人間性の回復を願っていることだけは確かであり、その感性に、ほんとうに豊かな明日への希望をかけてみたいと思っているのである。

まず「見ること」を学ばねば

一　広島の暑い夏

広島に住んで五年目になるが（一九九〇年）、その縁《えにし》を思うと不思議でならない。まず現在の職場に転勤する二年前にはじめて広島を訪れ、この目で見る機会が巡ってきた。自分の属する学会が当地で開かれるので、家族旅行を兼ねて行ってみないか、というのが妻の提案であった。そのとき正直なところあまり気が進まなかったのを今でもはっきりと覚えている。理由は漠然としたものであるが、根深いものであった。気がかりではあるが、訪れずに済むものならば訪れずに済ませたい、という思いが強かったのである。一人の人間の意識のなかには、心の痛みをともなう部分があり、そこには触れたくない、そこには目をつぶっていたいという感情をもつものだが、日本人である私にとって、広島はそんな思いをいだかせる町であった。

広島を訪れたのはその年の夏、八月六日の数日前であったと思う。八月の広島はうだるような暑さであった。遅い朝食を済ませてホテルを出た。街の通りでは、デモか集会に出かける人の姿が多く目についた。私たちは本通りのアーケード街を通って平和記念公園に向かってゆっくりと歩いていった。その当時、東京で暮らしていて、普段の生活のなかで広島のことを意識することはほとんどなかった。あのいまわしい未曾有の出来事は、私の心のなかで長い年月を経て風化しているはずであった。それに私は今までにいかほど広島の惨状を知っているというのだろう。それにもかかわらず、こうしてアーケード街を歩いていると、現場を目撃することに対する、いわれのない躊躇を感ずるのであった。

本通りのアーケードが尽きて、二つに分かれる道を左に進むと、ひっそりと緑の木立につつまれた平和記念公園が、元安川を隔てて視野に入ってきた。そのときである。思いもかけず心の底からつき上げてきた、一種名状しがたい強烈な感情に私は揺り動かされた。それは霊が叫んだとしか表現しようのない心の動きであり、私はこの被爆中心地で四十年前に何が起こったのかを、一瞬にしてはっきりと悟ったように思えたのである。公園の樹間の小道を散策しながら、かなたに原爆ドームを仰ぎ、原爆の子の像の前に佇み、慰霊碑に手を合わせながらも、あの衝撃的な感情の昂まりに心は揺れ動いていた。ドームを除いて恐るべき歴史を直接に証言するモニュメントは、この公園のどこにも見出すことはできない。それにもかかわらずヒロシマは私にあんなにも激しくあの歴史的事実を語りかけてきたのである。

旅行から帰って、広島のことはとくに思い出すこともなかった。広島とのかかわりが深まるとも思っていなかった。ところが二年たって私は広島に移り住むことになり、それから五年の歳月が流れた。

二　核兵器のもたらしたもの

広島で生活するということは、おのずと他の都市で生活するのとは異なった意味合いをもつ。今、広島は私にとってどこの都市とも変わりのない、というよりは山々にかこまれ、美しい川が幾筋も流れる自然の豊かな、しかも活気に溢れた近代的で魅力的な街になっている。人類史にとって未曾有な出来事が起こった、その地に暮らしているという当初の緊張感は、時が経つにつれて薄れていく。この地に暮らす多くの人も屈託なく生きているように見える。

しかし振り返ってみると、この五年あまりの期間に、私の核問題に対する知識と関心が、知らぬ間に大きくふくらんでいるという事実を否定することはできない。

たとえば、私の勤めている大学には、理論物理学を専攻する著名な平和学者である庄野教授がおられる。彼との話し合いを通じて啓発される点も多々あるが、とくに隠れたベストセラーになっている彼の著書『ヒロシマは昔話か』(新潮文庫)を読むと、彼の科学者としての冷静かつ客観的な記述を通して、原子爆弾の非人道性とその被害の悲惨さが、あらためてはっきりと理解できる。広島・長崎に投下された原子爆弾という新兵器は、その破壊力において前代未聞な殺人兵器であったのみならず、その殺傷・破壊手段において、人道上許すべからざる残忍きわまりない凶器であった。被害は被爆直後の熱線、爆風、火災による死傷にとどまらず、放射線による長期的な死亡や疾病を含むものであったし、一都市を完全に廃墟と化すものであって、まさに地獄を現出させたといってよい。

ちなみに広島における被爆人口約三十五万人のうち約十四万人が死亡したことになる。生き残った被爆者のなかには、原爆症の発病の可能性を抱えている人々も少なくなく、半世紀を経た現在も、原爆の爪痕は癒えていない。庄野博士によれば、被爆者は今でもなお、三つの精神的苦悩を背負って生きているという。すなわち、常に原爆症の不安にとらわれている苦悩、被爆をめぐる記憶が何かの折にありありとよみがえってくる苦悩、自分が社会から疎外されていると感じる苦悩である。原子兵器の使用、それは人間の手によって行ってはならない殺人行為であった、との思いが強い。

しかしその後、人間の冷静な判断をもってしては理解しえない事態が、二十世紀の歴史に刻み込まれる。米・ソを主とする軍事大国の核軍拡競争の激化である。庄野博士の前掲書に詳説されているが、仮に現在、一発の水爆による被害を分かりやすく説明すれば、つぎのような状態になる。

「東京都の新宿駅上空三〇〇〇メートルで、ある晴れた日の昼間に、一メガトンの水爆が爆発したと仮定。その致死領域の面積は二八三平方キロで、そのときの人口密度を一万七〇〇〇人と考えると、初期の死亡者数は四八〇万人にも達する。爆風による負傷者は約四〇〇万人となり、さらに屋内か屋外かの被爆条件が影響するので、その数は不確定だが、熱線による火傷者がこれに加わる」。

一発の水爆がこれほどの驚異的な破壊力をもっているというのに、現在の地球上には、少なくとも総計一万七〇〇〇メガトンの核兵器があるそうで、これは広島型原爆の百十三万発分に相当するというのである。しかも現在までのところ、この狂気の沙汰としか言いようのない軍拡競争を何びとも制止することができなかったのである。

三 「場」の証言する力

私はたまたま一冊の本によって、核の脅威の現実を再認識させられた経験を述べたのだが、これまでの五年間の生活に即して言えば、広島全体が核の悲劇と平和への祈願を証言しているというのが実感である。私の大学のキャンパスの片隅には、学校関係の教職員と学生で、原爆の犠牲者となった人々の慰霊碑があり、この碑の前で毎年八月六日に平和祈念の行事がいとなまれる。それ以外のときでも、だれが手向けるのか千羽鶴が絶えない。実は広島市内には多数の慰霊碑があり、それにまつわる逸話は枚挙にいとまがない。また、いつの年だったか、あるグループの若者たちと瀬戸内海の島に一泊の海水浴に行った。翌朝が八月六日だったが、前の晩が遅かったのにもかかわらず、八時前、だれが言い出すでもなく皆が起き出して、八時十五分には黙祷を捧げているのであった。日ごろ平和のことについて一度も話し合ったことのない連中であっただけに、私の驚きは大きかった。

M新聞のK記者の話も心に残る。彼も広島に来るまで特別に平和問題に関心があったわけではない。被爆証言を取材しているうちに、彼は一人の被爆者から、生涯忘れえない証言を聞かされた。多くの被爆者が原爆投下の瞬時の印象を「ピカ・ドン」と表現する。しかしその被爆者は「ピカ・ドン」ではなく、「ギャー」であったと語ったのである。それはわが子が建物の下敷になって、あげた叫びであり、ついに助け出すことのできなかったその子の最後の叫びでもあった。K記者は、自分が足で聞き出したそれらの証言は、とても新聞の紙面で書き切れるものではなく、たとえ広島の地を離れても核問題を自分のライフワークにせねば、と私に話してくれた。

これまで多くの被爆体験が語り継がれ、証言記録として残されてきたし、今もそれはつづいている。しかし他方では、打ち寄せる波が洗い流すかのように、ヒロシマの物語は人々の記憶から少しずつ失われていくという事実も見落とせない。それにもかかわらず、ヒロシマは今も静かに語りかけ、ときには叫んでいると思えて仕方がない。ヒロシマ・ナガサキはアウシュビッツと並んで全人類の心の奥深くに刻み込まれたトラウマであり、人々が忘れようと思いながらも、忘れることができず、やはりそこに立ち戻って、負わされた傷の深さを確認せずにはいられない「場」なのではないだろうか。

昨今、修学旅行で広島を訪れる中学・高校生も多くなっている。世界の目がヒロシマに注がれており、地球上の各地から大勢の外国人が平和公園を訪れる。資料館を見学し、被爆者の証言を聞いて、核兵器の恐ろしさを認識し、平和への思いを熱くする人々も多いにちがいない。しかしヒロシマの叫びは奥深い。確かな耳をもってそれを聞き、確かな目をもってそれを見るのでなければ、ヒロシマの悲劇が平和への力強い祈念にまで結実しない。平和教育は、畢竟、目をつぶらずに、またなにかにとらわれることなく、現実をありのままに見る感性を育てることから出発しなければ、表面的な自己満足に終わってしまうものではなかろうか。

四　教育の目標は「進歩」か

恐らく平和教育を教育一般から切り離して考えることは誤りであろう。イバン・イリイチは、先進諸国で行われてきた教育は、常に発展と表裏一体であり、Ｅ＆Ｄ、つまりEducation and Developmentという絆で、相助ける形で成長してきたが、近年陰りを見せはじめている、と述べている（「エコクラシーへの挑戦」『現代文明の危機と時代の精神』岩波書店）。この場合「発展」ないし「進歩」とは、端的には経済成長、そしてそれを支える技術のイノベーションならびに作業の合理化、つまり各種職業における専門性の精度化を指しているのだが、教育の目標はもっぱらこの技術革新と専門性の向上にしぼられ、教育は多様な情報をいかに巧みに使いこなすかを学ぶことを意味するようになる。学ぶ者はますます膨大になる情報を利用する訓練は受けるが、それを何のために利用するのかを学ぶことはない。彼に考えられることは、その情報によってなにか新しい進歩を推進できるのであれば、結果を問わずやってみるということだけである。結局教育は人々を自分たちには無意味な仕事を適切に遂行するよう訓練してきたにすぎない。進歩に直結した教育の限界が見えているのである。イリイチは一九七〇年代に入って教育はさらに悪化していると述べている。過剰生産によってもたらされた無意味な消費に人々が堪えられるよう、消費技術の訓練に教育が寄与しているわけである。

エーリッヒ・フロムは「この社会は多くの無益な物を作り出し、それと同じ程度に多くの無益な人びとを作り出す。人間は生産機械の歯車として、一個の物となり、人間であることをやめる。彼は興味を持っていないことをしたり、興味を持っていない人とつきあったり、興味を持っていない物を作ったりして、時を過ごす。彼は作っていない時には消費している」と述べているが（『希望の革命』紀伊国屋書店）、Ｅ＆Ｄの決算がいかなるものであったかを適切に示している。

Ｅ＆Ｄは人々を倦怠に導いたという点でも限界を見せたが、情報の利用能力を基盤としている点に弱点がある。情報がいかに膨大になろうとも、その情報を利用する個人間に競争を生み出す。むしろ情報洪水はこの競争を激化すると言ってよい。知識の獲得に鎬《しのぎ》を削っている学生、社会人を思い浮かべればよく理解できるであろう。この競争によって人々は自己目的を失い、何のために生きているのかを考えることをやめ、お互いにバラバラな、ときには敵対する関係になっている。

そしてとどのつまり、核兵器を使用するなどということは、人間の行為としては絶対に許されないのであり、ただちに、廃絶しなければならないという至極当然の決断を下すことはできないのに、核兵器を作ることが可能ならそれが人類を滅ぼすことになろうとも、それは作られねばならない、などという進歩への盲信が優先してしまうのである。

進歩を目標とする教育に代わって共存を目標とする教育が実際に行われるようになれば、事態は変化するだろう。そうした教育のさまざまな模索がすでに行われているし、若い人々のなかにもそれを渇望している萌しが認められる。それは制度としての教育の枠で行われる必要はない。まず自分自身の他人とのかかわり方、環境とのかかわり方の根本的改善であり、その自己改革を通しての他人への感化だからだ。

五　境界を越えて

これまでの米ソ間の核軍拡競争が両国の相手国に対するはなはだしい不信感と恐怖に由来するものであることはだれの目にも明らかなことである。しかしよく考えてみると、二国間に存在する相手に対する不信感と恐怖は、人間の本性を象徴している。人間はさまざまな次元で境界をもうけ、その外側に存在するものに対し、不信感と恐怖をいだき、ときには無関心を示す。個人においてすら、自我を形成し、自分にとって容認しがたい自己の一部分を無意識の領域に封じ込めるか、他者に投映するなりして、自己のなかに境界をもうけることは、心理学でよく知られた事実である。

境界を取り除くことができ、外にあったものが内のものになるならば、人間のいだく恐怖心は消失するにちがいない。米国とソ連が、少なくとも心理的な境界を取り除き、相手に対する恐怖心を減少することができるならば、この愚かしい核軍拡競争に終止符が打たれることであろう。そのためにはまず個人がいだく、境界の外のものに対する恐怖心も解消されなければならない。平和教育はここからはじまるべきではなかろうか。

しかしそれはどのようにして可能なのであろう。幸いなことに、私たちは新しい時代の潮流を予感することができる。それは東西ベルリンの壁の撤去というまったく思いがけない出来事ではじまった。東欧での自由化の波が怒涛のように打ちよせ、マルタでの米ソ首脳会談は戦時核兵器の削減の早期実現の合意を生み出した。冷戦に終止符が打たれ、新しい時代がはじまったと感ずる人が多い。こうした一連の和解の動きは、今後さまざまな揺り戻しがあるとしても、けっして一過性のものではなく、大きな歴史的転換を意味していると確信している。なぜなら、現在の世界的な平和攻勢に対し、すでに理論的な予見が存在しているからである。

テイヤール・ド・シャルダンは「一見逆を示すようなことがあまりにも多くあるにもかかわらず、人類に平和が可能であるだけでなく、その構造からして、人類はいつかきっと平和のうちにはいりこむと確信しないでいることはむずかしい」と述べている（「平和への信仰」『人間の未来』 みすず書房）。みずから称する地球生物学者としての彼の観察によれば、人間が平和の時代を迎えることは歴史的必然性による。生物進化の過程をたどると、すべての生物種は、互いにますます分離拡散しようとしている。ところが人間においては、種の枝葉が分離し分かれる代わりに、収斂する傾向を見せはじめ、人種、民族、国民すべてが一体になって徐々に意識を統一した一種の「超―有機体」を形づくるようになる。

諸生物が互いにほろぼしあう原因となっていたものは、彼らが互いに生き残るためには相手の地位を奪いあわざるをえないという必然性であった。ところが人間にあっては、その進化過程ではじめは拡散していくが、ある時点から収斂へと向かう。こうなってくると生き残るためには、互いに相手を排斥するのではなく、助け合い統合していかなければならない。つまり「かつて戦争を強要したものが、今は平和へと向かわせるのである」。

もし人類の未来が、歴史的必然として平和へと向かうものならば、私たち人間は、現在のあまりにも危機的な状況に直面しながらも、希望をもって平和への努力を傾けていかなければならない。シャルダンは世界大戦の予測は、偽りの諦めであり、偽りの現実主義であり、こうした考え方こそ、世界の未来にとって危険なものであるとともに、根拠のないものだと断言して「この避けがたい戦争の恐怖、戦争から救われる道は、戦争に対するさらに大きな恐怖以外には考えられないという恐怖、まさにこれこそわれわれの空気を毒しているものなのである」と結んでいる。

六　瞑想が育む平和

敵対するものへの恐怖、戦争の不可避性への恐怖こそ、戦争を誘発する真因だとするならば、恐怖心を克服することが平和への重要な足がかりであると言えよう。しかし現実に平和を実現させていくためには、すでに述べた通り恐怖の源泉となっている境界を取り除いていかなければならない。境界は私たちが作りだしたものであり、しばしばそれは幻想であり、現実ではない。ありのままにものごとを見ることができるならば、外側にあるがゆえに排斥すべきものと見えたものが、実は自分の内側にあったと気づくことができる。

イデオロギーや信念はしばしば誤った境界を設定してきた。和解と統合を実現するためには宗教の果たすべき役割は今後大きいと思われるが、その宗教も互いに排他的で寛容に欠けるならば、境界を一層強固なものにしてしまうだろう。キリスト教もキリスト自身に立ち返るならば、もはやいかなる場合にも聖戦や十字軍の論理を正当化することはできない。宗教はその本質である瞑想を重視していかなければならないであろう。真の瞑想家は、ありのままの世界は調和のある世界であるという。そこには内と外を隔てる境界もなければ、自分と他者を区別する敷居もない。瞑想家の眼前には平和に満ちた世界がすでに現出しているのであり、恐怖を呼び覚ますようないかなる事象も存在しない。自分のひたっている世界は今この瞬間において至福であり、恵みで溢れている。

私たちは思考と記憶にとらわれすぎているのではないだろうか。私たちの受けてきた教育はイリイチが指摘するように間違っていたのである。子供のころ、森の神秘に心をうばわれるとか、小川のせせらぎに耳をすませて、水の輝きに感動するとか、小鳥の美しい囀りに聞きほれ、その姿の可憐さにほろりとするというような体験をどれほどしているだろう。それらは私たちの受けた教育において大事にされてこなかった。そうした風潮は現在一層激しくなってきている。

ものごとをありのままに見ることが瞑想の極である。

「思考は存在を外部と内部とに分断しており、この分離から争いや制御が起こる。（中略）思考は不調和だ。あらゆるイメージ、イデオロギーの本質は自己矛盾で、破壊的だ。思考は、その技術的な業績は別として、外部的にも内部的にも混沌と快楽をもたらしてきた。その快楽たるや、しばらくすると苦悩となっていくものだ。このすべてをあなたの日々の暮らしのなかで読み取ること、思考の動きに耳を澄ませ、かつ見ること、それが瞑想のもたらす変革である」と現代の偉大な瞑想家であるクリシュナムルティは語っている（宮内勝典訳『クリシュナムルティの日記』

めるくまーる社)。

ヒロシマをそのような目で見ること、宗派やイデオロギーや民族を超えて世界をありのままに見ること、自分の内なる境界、自分と他者、自分たちと外の人々のあいだにある境界が幻想であることに気づくこと、それこそ平和教育が目指すべきものではあるまいか。

世界社会の視野における平和

一　日本の平和を支えるもの

現在、日本人であるあなたは、「今の日本は平和ですか」とたずねられたならば、何と答えるだろうか。日本はいかなる国とも戦闘状態にないし、自由の極端な抑圧もなく、国民全体としては経済的に安定し、生命、財産に対する国家、民族的規模の暴力による脅威も存在しない。したがって、平和である、という答えは至極順当であるといえる。

他方、世界に目を転ずると、湾岸戦争が終わったばかりの現在、ユーゴスラビアでは内乱が泥沼化し、ソ連では民族的自治をめぐって、混乱も起こりかねない、という状況を呈している。生命、財産の脅威という視点で見るならば、貧困、飢餓、自由の抑圧に苦しむ国民や民族は枚挙にいとまがない。

この当たり前な事実は、豊かさと安全に首の先までつかっている日本人には、あくまでも遠い他の国の出来事であって、報道によって一時的な同情心を掻き立てられても、自分たちの生活にはかかわりのないこととして受けとめられ、渦中に巻き込まれることはない。しかし実際には、日本人の享受する経済的豊かさの一つをとってみても、それは貧困に苦しむ他の国の人々の生活と無関係ではなく、密接に結びついている。

南北問題に関する若い人々の認識も、一般的には、危機感に乏しく、地球の北側に、主として経済的に豊かな少数の国が存在し、南側に主として貧しい多数の国が存在し、その経済格差が大きい、程度の知識に終わっている。

この事実とちょうど裏表の関係にあるのが文部省の教科書検定で、ある現代社会の教科書は、西欧人や日本人など、北の豊かな国の人々が、豪華なテーブルを囲んで食事をしており、このテーブルを黒人やアラブ人など南の貧しい人々が支えている挿絵を掲載していたが、これは削除され、代わりに、上半分に北の豊かな国の人々が食事をし、下半分に飢餓に苦しむ南の貧しい国の人々が描かれた、相互の関係をぼかした絵が許可されたということだ。

理由はともあれ、対岸の火事である限りは、平和問題に緊迫感をもって取り組まないという日本人の感性はあまりにも貧弱すぎるし、ましてや世界の非平和状態を生み出す原因のかなりの部分に日本がかかわっていることを認識できないのでは、無知の罪ともいえる事態ではあるまいか。まず一つの事例によって、日本人の無関心が弁解しうるものではないことを明らかにしてみたい。

二　フィリピンのバナナと日本

一九六〇年代の後半、日本のバナナ需要に目をつけたアメリカ系の果実専門の多国籍企業がフィリピンに進出し、地元の農園主に輸出用バナナの栽培を奨励した。その際、多国籍企業自身はバナナ農地を直接には所有せず、農地はフィリピンのプランテーション経営者か特約農家が所有するか、賃貸とし、バナナの栽培に従事し、多国籍企業は技術的援助と資金援助をし、輸出業務に専念するという取引が提示された。当時大規模なプランテーションは、広大なバナナ栽培用地を必要としたので、地元の農民の耕作地をあらゆる手段を講じて接収してしまい、多くの農民が土地を失った。またあるプランテーション経営会社は、小規模自作農民と特約契約を結び、バナナ栽培の転作や土地改良のための費用を貸与する代わりに、収穫されたバナナを引きとるという方法をとったが、実際には、栽培農家はその時点から大きな借金をかかえこむ結果となった。

このような形で転用されたバナナ農園の総面積は二万五千ヘクタールにもおよぶが、従来自国民のために食料を供給していた土地が失われた代わりに、それだけの広大な土地が、他国の人々が口にする輸出用農作物の供給に利用されていることになる。

それでも十年間ぐらいは、フィリピンのバナナ産業は外貨獲得の主要産業の一つであったが、一九七〇年後半になると、多国籍企業がフィリピンバナナに支払う買い入れ価格が、生産コストの上昇に追いつけなくなってくる。多国籍企業の買い入れ価格が頭打ちになれば、農場側は人件費を切り詰める以外にコストダウンの方法がない。そこで大規模プランテーション会社では人件費を上げないための方法をいろいろと考案する。二人の労働者をペアに組み、一人だけしか正式の労働者として登録せず、賃金も一人分しか支払わない、というカビット（付属労働者）システムや、労働者の妻にも農場で働かしておきながら、彼女には賃金を支払わないとか、囚人を非常に低い賃金で働かす等のやり方で、コストダウンを図ったわけである。特約農家の場合は、契約の段階ですでに借入金があり、それが売り渡し代金から天引きされるシステムになっているので、代金が据え置かれると手許に残金がほとんど残らないという状態にまで追いつめられた。

結局、多国籍企業は自分の利益をしっかり守り、大手の現地プランテーション会社もなんとか収益を維持しているのに対し、農民たちは土地を取り上げられ、無産化し、あるいは低収入にあえぐことになってしまい、フィリピン政府としては輸出によって外貨を獲得し、国を豊かにしようと企図したのにもかかわらず、民衆の生活状況は以前よりも悪化するという結果になってしまった。

三　平和を装った構造的暴力

この報告をしたダビッド氏は、フィリピンのバナナ産業の結末に対してつぎのような感想を述べている（ランドルフ・ダビッド「多国籍企業の経済支配――フィリピンの場合」、坂本義和編『暴力と平和』朝日新聞社　一九八一年）。

「いまや民衆の生活を特徴づけるものといえば、すさまじい貧困と、人間としての尊厳の喪失と、巨額な負債だけになってしまっている。民衆をこのような状態におとしいれたものを暴力と呼ばずして、何と呼ぼう。まさにこれは、テロリストの投ずる爆弾よりもはるかに残酷で、はるかに悪意に満ちた暴力といわねばなるまい。この暴力は、きわめて悪辣である。なぜなら、その本質は悪辣なものであるにもかかわらず、表面上は秩序の安定という化粧を施されているからである。第三世界においては、いたるところでこのような不正な平和という化粧を目にする。このような不正な平和を支えているのは、その国の独裁体制と巨大企業と外国政府とから成る同盟である。そして、不正な平和のもとで抵抗する術をほとんど根こそぎ奪われてしまった、民衆の全共同体が食い物になっているのである」

バナナ農民の顛末は、ダビッド氏が言うように、一種の暴力の行使としか言いようのない状況を生みだしている。確かに、フィリピンの農民たちは身体や精神に対して特定の他者から直接的な物理的侵害は加えられていない。しかし加害者を個々の人物に特定できないとしても、多国籍企業や、自国の政府や資産家が一体となって、農民の悲惨な状況を作りだしたことは確かな事実である。そしてその背後には、こうした実情に目をつぶって利益を享受している先進諸国が存在する。つまり社会の構造が暴力的加害状況を生みだしているのであり、「構造的暴力」が明らかに存在しているのである。

多国籍企業が第三世界諸国に進出する場合、通常は進出先の国に多くの恩恵がもたらされることをほのめかす。しかし現実にはかえってその国の利益と発展を損ない、結局は多国籍企業自身や、その母国である先進国に利益をもたらしているにすぎない場合も多い。

たとえば雇用機会の促進については、現地の多国籍企業の雇用者が増えるという事実はあるが、逆に多国籍企業の操業によって、地元の同種企業における失業が増加するという場合もある。太刀打ちできなくなった地元の中小企業が閉鎖に追いこまれるからである。また多国籍企業の進出に合わせて、「技術移転」を期待するむきもあるが、技術購入に莫大な資金が必要であったり、先進国で不必要になった中古の機械を押しつけられたりして、結局は産業開発を促進する原動力とはなりえないケースも多い。

四　開発援助と累積債務

多国籍企業に頼らず、国内の自国産業を発展させていこうという試みもなされているが、その場合には工業化の資金を先進国から借入するケースが多い。西川潤はナイジェリアの例を報告しているが、金利は八％であっても、貸付けのときに、手数料だとか参加報酬だとか、法的報酬などの加算がなされ、金利の上昇を合わせると、実質十三、四％も支払う事態になっている。それでもナイジェリア政府が借入したときは、世界インフレがつづくという見通しがあったので、政府はその資金で工業製品を作り、輸出するようになれば、七、八年後には借金を返済していけるだろうと考えた。ところがその後アメリカで高金利政策がとられたため、遊んでいた資金がすべてアメリ力に流れてしまい、つなぎの借り入れもできず、製品価格も思ったようには上がらないために、自力による利息返済ができなくなり、債務が累積していった（西川潤『第三世界と平和』早稲田大学出版部　一九八七年参照）。

メキシコの場合は、対外債務があまりにも膨大になってしまったために、最高十四年、今世紀末まで元金返済を繰り延べることが認められたが、それでもメキシコは金利だけでも年間一五〇億ドル払っており、この額はメキシコの石油収入を上回っている。これだけの利息を支払うと、実は六年間程度で元金分が支払われるそうで、先進国の銀行がやっていることは、サラ金とあまり変わらないものになってしまう（西川潤『前掲書』参照）。

さらに先進国の軍拡競争が絶えず新しい兵器の開発を必要としているため、新しい兵器が開発されるたびに従来の兵器は中古となり、その処分が問題になる。その場合にターゲットになるのが開発途上国である。ちなみに米ソ両国は世界第一、二位の兵器輸出国であり、輸出兵器全体の七〇％近くが発展途上国に送られる。しかしこれら兵器は発展途上国にとっては高額商品であるため、借款をつけて供されることが多く、それがまた債務額上昇の一因となっている（西川潤『前掲書』）。

開発途上国への兵器輸出が、その経済力に比して異常に高いにもかかわらず、受け入れられる理由の一つは、それらの国の政治的体質にある。開発途上国のなかには強権政治を行っている軍事・独裁政府が多い。そもそも開発援助は途上国の政府関係者や、限られた上層階級の利権の対象になりやすく、これら特権階級はいわば開発援助を食い物にして私腹を肥やしており、所得の公正な分配を保証するような政治体制にはなっていない。むしろ政府はリベートと引き換えに、低賃金による労働者の確保などによって、開発援助と癒着した多国籍企業の利便を図ったり、自国の一部資産家の経済活動を援助したりして、資金を民衆の生活向上に役立てようとはしない。逆に不満をいだく民衆を体制に封じこめるために、政治的抑圧を行使する。

したがって一般民衆の生活レベルは根本的に改善されず、貧困や生活苦が慢性化しているため、民衆の側に不満や不安が蓄積され、反抗がさまざまな形で噴出してくる。このように開発途上国では政治体制に多くの矛盾が生じてくるために、軍による武力威嚇が不可欠となり、政府は経済力に見合わぬ高価な兵器装備に血道を上げる。多くの開発途上国がこうした形で軍備を強化していけば、対外的な武力行使の危険性も増大する。そしてそれは経済的にも、政治的にも安定を享受している先進国の国民にとって重大な関心事でなければならない。なぜならば、まさに日本を含む先進諸国の世界市場における経済行為こそがこれら開発途上国が抱えるさまざまな矛盾の最大の原因であるからである。平和を口にし、開発援助を唱えようとも、先進国がやっていることは構造的暴力であり、弱い国をことさら苦しめる取引きを行っているにすぎない。そして先進諸国が自国の枠にとらわれているかぎり、この問題を解決することはむずかしい。

五　認識の転換と世界社会構想

庄司興吉は、社会として個々に抱えるさまざまな問題のうちに、われわれが人類の一員であることによって必然的に共有せざるをえない部分、すなわち人類的共通部分とでもいうべき問題が急速に増大してきていると考える。彼によれば、それは「①全面世界戦争による人類絶滅の危機、②第三世界の大量貧困による南北差拡大の危機、③世界的規模での環境破壊の拡大による地球生態系崩壊の危機、④北側の一見『豊かな』社会におけるさまざまな形態での人間性崩壊の危機、に表現されている四つの問題」に集約される（庄司興吉編『世界社会の構造と動態――新しい社会科学をめざして――』法政大学出版局　一九八六年）。

ここに取り上げられている四つの問題は、いうまでもなく相互に無関係な、独立した社会問題ではなく、相互に連動している関連問題であり、しかももはや一つの国民社会の問題として対策を講じることができるような性質のものでもない。自国だけではなく、他の社会との関係を念頭において、とくに先進諸国と開発途上国との有機的関連を理解した上で、その解消を模索しなければならない問題である。世界社会の発想とは、いうなれば全体社会の拡大である。一国民社会が全体社会であるかぎり、右に挙げられた問題は解決しえない。しかし人類存亡にかかわる危機が世界人類に共有されている以上、世界は今や一つのシステムになっているのであり、全体社会は形成されつつある、と言わなければならない。南北問題をこの視野でとらえるならば、われわれは開発途上国の人々の貧困と生活苦を自分の社会の問題として考えなければならない時期にきている。

フィリピンのバナナ農園で起こった出来事は、スタインベックが『怒りの葡萄』のなかで描いた一九三〇年代のアメリカの農民たちの運命に非常によく似ている。オクラホマの農民ジョード一家は、小作農地を土地会社から強制的にとりあげられ、やむなく、カリフォルニアに移住し、果樹園で果実つみ労働者として働くが、賃金は不当に切りさげられ、ストライキをやれば弾圧されるという悲惨な生活を強いられる。当時のアメリカ農民の実情をかなり忠実に描いた『怒りの葡萄』が一九三九年に出版されると全米に大きな社会的反響がまきおこった。スタインベックを非難する声も多かったが、彼を支持する社会的良識派も多かった。それから半世紀たつが、現在のアメリカ農民の生活は、いうまでもなく五十年前にそんなことがあったなどということがとても信じられないほどに豊かである。当時のアメリカ市民はカリフォルニアの農民の惨状を自分たちの社会の問題としてとらえた。だからこそ変革が起こりえたのではないだろうか。

もちろん社会問題は最終的には政治的解決に委ねなければならない。しかし政治を動かすのは民衆の意識であり、当時のアメリカにはそのような意識が存在していたと言える。現在、第三世界の人々が背負っている貧困や生活苦、たとえばフィリピンのバナナ園の農民たちの苦しみに対して、アメリカ、日本、ヨーロッパなどの先進国の人々は、自分たちの共存していくべき社会の問題として、正義を希求して立ち上がることができるだろうか。冷静に考えて、答えはもちろん一般論としては「ノー」である。危機を共有する世界社会の認識は、現状ではまだ普遍的なものにはなっていないと言わざるをえない。

しかし個人のレベルでは事情が異なる。危機を共有する世界社会の視野に立って、自覚的に危機に対峙するさまざまな姿勢を考えることが可能である。ある人は無関心であることに良心の呵責を覚えるかもしれない。実は先進国の豊かさに埋没しながら、第三世界の貧困と悲惨に絶えず関心をそそぎつづけるためには、きわめて強固な持続的志向性を必要とする。ある人はともかく一個人として今、何ができるかを模索するかもしれぬ。現在割り箸の消費量は一七〇億膳で、それは一万五千軒の家の建築に必要な材木の量だそうだ。これを意識化するために、常に自分の箸を携帯し、食堂やレストランでも割り箸を使わずにそれを使っている人もいる。フィリピンの貧しい子供の精神的里親になって永年欠かさずに仕送りをしている人々もいる。

こういうささやかな個人的努力は、果たして構造的暴力の解消にいささかでも役に立ち、平和実現に貢献することになるのであろうかという疑問も生ずる。むしろ無力さを痛感することになるのかもしれない。

六　個人的課題――無力さの自覚

しかし意識を永続化させることは、世界社会というシステムを機能化させていく上で、現状ではもっとも重要なことなのではないだろうか。第三世界の実情にとかく無関心になりがちだという自覚、自分は第三世界の人々のためになにもしてあげることができないという自覚、自分のささやかな行為はあまりにも有効性が乏しいという自覚、これらの自覚は一方で第三世界の人々に対する強い関心をあらわし、他方で一個人として人間の限界に対する醒めた認識がある。キリスト者の場合は、そこに祈りが不可避的に生まれてくるはずであり、神に一つのことを期待してよいのではなかろうか、つまり自分は持ち合わせていない、自分を超える力を。

ポール・トゥルニェがつぎのように言うとき、彼の言葉はまぶしすぎて、自分には関係がないような気がする。だが納得させる面もある。

「そう、この世では何かが真に変化しなければならない。そしてこのことは、みずから変わる人々からでなければ起こりえない。しかし一人の人間が恩寵の働きのもとに変化するとすれば、変わるのは魂の状態だけではない。彼の行動全体が変化するのである。彼は突然、彼を捕えていた古い習慣から解放される。彼を責めさいなんでいた報復の念や悔恨の情を免れ、常に行っていた不正をもう犯しえなくなるのである。

彼はまた犠牲を承諾する。自分の信仰のためにはそれが必要であるということに、同意せねばならない。（中略）社会はもう規則どおりに行動しなくなった人々を迫害する。したがって、破産する実業家、もう校長から一顧だに受けない教師、好評を博さなくなった芸術家、生計の立たなくなった医師、顧客を失う弁護士、もう大衆の好みに同調しえない小説家、聴衆を遠ざかる裁判官、このような人たちがいるであろう。しかし、そのような代償を払ってこそ、歴史中に何かが真に変化し、一つの新たな文明が現われ、そこで霊的なものと俗的なものがふたたび合致するであろう」（ポール・トゥルニェ　浜崎史朗訳『調和なき世界の人間』ヨルダン社　一九七二年）

一人の人間が、一切を神の導きに委ね、その生活が根本的に変わってしまうということは比較的理解しやすいが、それが歴史を真に変革する力を有するという実態は、社会的通念によっては容易に受け入れにくい。しかしイエスの言う「神の国」とは、現実にはこのような人々の出現を意味しているのではないだろうか。意識と生活を一新した人々は、この世では通常「からし種」や「パン種」のように人目に触れず、ちっぽけな存在であるかもしれぬ。しかしこのような人々によってこれまでも平和と正義が実現されてきたのであるし、これからもそうなるにちがいない。その意味で、私たちは、平和実現のための一個人の役割に確信をもつべきなのではなかろうか。

近代社会の合理的精神と『モモ』に描かれた時間

一　モモに体現されたM・エンデの時間概念

ミヒャエル・エンデの代表作の一つである『モモ』を一読すると、[1] 舞台となる南ヨーロッパの大都会で、主人公モモとその仲間たち、および彼等やその他の住民たちの生活を根底から脅かさんと、陰で画策する灰色の男たちとの間に展開される闘争劇が、一つの社会学的テーマを想起させずにはおかない。灰色の男たちの巧みな説得によって引き起こされる、市民の生活の急激な変貌が、社会学者の指摘する近代化現象にあまりにも酷似しており、とくに、時間の有効利用による生活の合理化過程が、個人の時間意識のいかなる変化によって進展していくのかを、きわめて適切に描写している。この点こそが、近代社会の合理化過程の事例的解説ともなっており、社会学者の関心を強く喚起する所以である。

時間意識は絶対的なものではなく、一つの文化的所産であることは、文化人類学や比較社会学においても解明されてきており、社会的背景によって変貌することも事実である。[2]

エンデはこの作品のなかで、彼自身にとって本来的と思える時間意識を主人公のモモに託して読者に問いかけているが、それはモモの生活様式と不可分に結びついている。

前にも触れた通り、モモはある時どこからともなく現われて、大都会のはずれにある小さな円形劇場の廃墟の片隅に住みつくようになるが、ボロボロな服を着た年令不詳のこの少女は、近所の人々の知りえたところによれば、どうやらどこかの収容施設を抜けだしてきた身よりのない浮浪者であり、学校にも行った形跡がなく、まともな職業につこうという意欲もさらさらない、いうなれば社会的逸脱の一典型である。しかしながら社会的有用性のまったく欠如したかにみえるこの浮浪少女は、近所の貧しいが善良な人々の世話で、最低限の生活を支えてもらう一方、思いがけない特技を発揮して、その人々にとってかけがえのない存在になっていく。なにか困ったことが起こったら、モモに相談すれば解決するということが、人々に認識されるようになり、カウンセラー的な役割を果たすことになるのである。どうしてモモにそんな力がそなわっていたのであろうか。読者のだれもがもつ素朴な疑問にエンデはその秘密をつぎのように明かしている。

小さなモモにできたこと、それはほかでもありません。あいての話を聞くことでした。なあんだ、そんなこと、とみなさんは言うでしょうね。話を聞くなんて、だれだってできるじゃないかって。
でもそれはまちがいです。ほんとうに聞くことのできる人は、めったにいないものです。そしてこの点でモモは、それこそほかに例のないすばらしい才能をもっていたのです。
……モモに話を聞いてもらっていると、どうしてよいかわからずに思いまよっていた人は、きゅうにじぶんの意志がはっきりしてきます。ひっこみ思案の人には、きゅうに目のまえがひらけ、勇気が出てきます。不幸な人、なやみのある人には、希望とあかるさがわいてきます。……こういうふうにモモは人の話が聞けたのです。(3)

エンデの「ほんとうに聞くことのできる人は、めったにいないものです。」という主張に、「現代の社会では」という条件をつけ加えると、一層事実に即してくる。モモの、人の話を聞けるという才能は、彼女の境遇と無関係ではない。

安達忠夫は「モモの弱さ、モモの何もなさ、自己主張のなさが、相手の存在を深いところから生かしていくのである。わたしたちが、モモにメシア的な沈黙を感ずるのは、たぶんそのせいであろう。」[4]と解説しているが、社会の制度的な役割期待に拘束されて行動する現代人にとっては、そのような心の持ち方を維持することがいかに至難であるかは、多言を要しない。

さらに、相手の立場で話を聞くという心の準備は、無制約な時間を前提とする。エンデは「なんであれ、時間というものが必要です――それに時間ならば、これだけはモモがふんだんに持っているものです。」[5]と言うが、その時間とは、スケジュールに組みこまれていない時間を指していることは言うまでもない。社会の制度的時間にいっさい束縛されることのないモモであるからこそ、ふんだんに持つことのできた時間であった。確かに現実の世界に存在する浮浪者は、その意味での時間的ゆとりはあるかもしれないが、彼等は孤立しており、社会の一般人の話し相手になるということはない。社会的逸脱者でありながら、カウンセラーとしての社会的有用性をもちうるモモの存在は、フィクションの世界でのみ可能な、理念的人格であるという見方もなりたつ。河合隼雄の解説にも同様なとらえ方がうかがえる。

さらに考えますと、モモというのは実在していない、現実の世界のなかには実在することはできない、しかし僕らの心の中に持つことはできる子供であると考えたほうがいいのではないか。つまり、僕らはモモのように生活することは絶対できないから、僕らの心の中にモモのような要素というか、モモのような因子というか、そういうものはあるというふうに思ったほうがいい。[6]

つまりスケジュール化した時間に束縛されている現実の人間にも、部分的には享受しうる自由な時間を、生活全体で享受している人間がモモにほかならない。エンデによれば、モモの享受している時間こそ、人間にとって本来的な時間を意味している。

時間をはかるにはカレンダーや時計がありますが、はかってみたところであまり意味はありません。というのは、だれでも知っているとおり、その時間にどんなことがあったかによって、わずか一時間でも永遠の長さに感じられることもあれば、ぎゃくにほんの一瞬と思えることもあるからです。なぜなら、時間とはすなわち生活だからです。そして人間の生きる生活は、その人の心の中にあるからです。(7)

（傍点、筆者）

エンデが、時間は生活であり、生活は心の中にある、と言うとき、時間は彼によってどのように理解されているのであろう。引用文にもあるように、エンデは、わずかな時間も永遠に感じられる、という表現をしている。内的に体験された一刻が永遠性をもって認識されるということは、主体が時間のなかに溶解している。その時間体験は充実しており、けっして後になって空費したと後悔されることはなく、生きていることの喜びを無条件に肯定でき、永遠を感覚させる。物語の天才ともいうべき友人のジジが、モモにだけ聞かせる二人のためのおとぎ話しをおえたとき、二人が味わった短い一刻は、まさに、そのような時間体験であった。

月はぐるぐるとした松林のうえで大きく銀色にかがやき、廃墟の古い石段をあやしく光らせていました。モモとジジはしずかにならんで、長いあいだじっと月を見つめました。こうして月を見ているかぎり、ふたり

は永遠に死ぬことはないと、つよく感じていたのです。(8)

二　時間意識の変化とその誘因としての「灰色の男たち」

このように、エンデにとっては、人間の本来的時間とは、物的尺度によって測定される絶対的時間を第一義的には意味しておらず、個々人の内面において体験される、かなり主観的なものであった。しかもその体験においては、時間は豊饒なものとして、人に深い充足を与えうるものであり、それゆえにそのような時間の一刻々々を味わう人には、永遠的な刻印がきざまれるのであった。『モモ』の物語では、はじめは、人々は完全ではなくとも、日々の生活のなかで、こういう時間体験を味わう機会をもつことができたのであるが、やがて時間に追いたてられて日々を送る人々の数がどんどん増えていき、ゆとりをもって時間の豊かさを体験する機会がほとんど失われていく。

個人においてその経緯がどのように展開していくのかを、エンデは床屋のフージー氏の生活の変貌ぶりで示してみせる。とくに、フージー氏の時間意識がラディカルに変化していく様は、近代化過程を凝縮したものとも言えるが、物語では意識変化の仕掛人として灰色の男たちが登場してくる。

その日は雨の降る陰気な一日であった。使用人も休みをとり、客もいない。勤務時間中に手持ち無沙汰になり、何もすることがない時には、人間はよく内省的になる。しかも一日中雨がしとしとと降るどんよりとしたような日には、とくに心も暗くなり、内省も悲観的になりがちだ。フージー氏の気持ちも暗くなり、ふとこんなことを考えてしまう。

「おれの人生はこうしてすぎていくのか。」と彼は考えました。「はさみと、おしゃべりと、せっけんの泡の人生だ。おれはいったい生きていてなんになった？　死んでしまえば、まるでおれなんぞもともといなかったみたいに、人にわすれられてしまうんだ。」(9)

その瞬間、こうは思ったものの、彼は日頃は自分の仕事にそれなりの生きがいを感じていた。顧客相手に四方山話をして、自分の腕をふるうことに満足もしていた。フージー氏のような職人仕事の場合、現代であってもまだ、伝統的な仕事のテンポと様式がある程度維持されていた。それだけに仕事のプロセスそのもの（＝時間）に、不完全ではあってもまだ精神的充足感がともなっていた。しかし、この日のように暇で陰気な状況では、とくに仕事の不満な部分がクローズ・アップされてくる。過去を振り返えると、人生を無駄に過ごしてきたように思え、未来に目を転じてみれば、人生のはかなさが妙に強く意識される。彼の仕事が完全な充足を与えてくれるものではない以上、その負の部分にスポットを当てれば、彼の人生、すなわち彼の享受しうる時間がむなしく思えてくるのは当然であった。しかし、未来を志向するがゆえに時間が虚無に感じられるという論理は妥当しない。真木悠介は、未来に向う意識は、必然的に人間を〈時間のニヒリズム〉に導くのではなく、特定の時間意識を前提として、はじめてそのようなことが言えるとしている。

未来に向う精神一般が、個体と人類の未来に不可避の死をみるがゆえにこの生もむなしいと感覚するのは、ほんとうはつぎの二つの時間意識の特性を媒介として前提している。

第一にそれは、ひとが現在をそれじたいとして愛することができず、人生の意味を、つねに「時間」のかなたに向って疎外してゆく、そのような時間意識の形態を前提している。

第二にそれは「時間」がひとつの自存する実体のように物象化されて存立し、そのことによって時間関心が抽象的に無限化されてゆくという、そのような時間意識の形態を前提としている。[10]

フージー氏が陰気な雨の日に感じた、人生の虚しさ、すなわち〈時間のニヒリズム〉は、この説にしたがうならば、まず第一の時間意識を前提としているといえ、彼が現在の生に完全に充足できないことに原因があったと言える。同時に彼の考える時間とは、現代人に通例の、自分の主観的内心の外に、観念的に外在化された客観的時間であり、意識を無限に向けて方向づけていく性質をもつ。このような時間意識で自己の人生を省みれば、一生はあまりにも短く、現在が充足感のない生活であれば、はかなく、虚しくみえるのは理解できる。

短い人生であればこそ、限られた時間を有効に利用せねば、と考えるフージー氏のところへ、一人の灰色の男があらわれる。そして彼の考えを代弁してつぎのように言う。

「いいですか、フージーさん。あなたはは さみと、おしゃべりと、せっけんの泡とに、あなたの人生を浪費しておいでだ。死んでしまえば、まるであなたなんかもともといなかったとでもいうように、みんなにわすれられてしまう。もしちゃんとしたくらしをしていたら、あなたはいまはぜんぜんちがう人間になっていたでしょうにね。ようするにあなたが必要としているのは、時間だ。そうでしょう?」[11]（傍点、筆者）

灰色の男はフージー氏が何よりも欲しているものが時間であることを彼自身に十分納得させた上で、つぎには人生を時間に換算し、さらにその時間を徹底的に数量化してみせるのだが、その際にきわめて巧みなトリックを行使する。エンデの物語作者としての優れた才能をうかがわせる部分の一つだが、灰色の男は時間を秒で示してみせるのだ。すなわち人生を七十才とするならば、それを秒に換算すれば、二、二〇七、五二〇、〇〇〇秒となり、ぼう大な数に見える。外在化され、抽象化された時間は容易に数量化され、数量化された時間概念こそが、スケジュール化された生活を可能にするのだが、灰色の男はまさにその過程をフージー氏の前でドラスティックに進行させせんとしているのである。

灰色の男は、四十二才のフージー氏がそれまでにどれだけの時間を無駄にしてきたかを計算表にしてみせる。一日平均の睡眠時間が八時間、仕事に八時間、食事に二時間、それに毎日、耳の聞こえない年をとった母親のそばにすわって、おしゃべりをするのに一時間、映画に行ったり、合唱の練習に出たり、行きつけの飲み屋に行って友だちと話したりする時間が三時間、さらにフージー氏だけの秘密なのだが、足がわるくて車いすの生活をしているダリヤ嬢のところへ毎日花束をもってたずねるのに半時間、毎晩寝る前に窓のところへすわって、一日のことを思い出す習慣のために十五分。灰色の男に言わせれば、これらの時間はすべて、四十二年間無駄にしたことになる。灰色の男が書いた計算書はつぎ(下表)のようなものであった[12]。

この計算書をフージー氏に示してから、灰色の男はこの数字の合計が、消費してしまった時間であることを説明し、それから四十二年間の時間量一、三二四、五一二、〇〇〇秒から、四十二年間の消費時間の合計、一、三二四、五一二、〇〇〇秒を引いてみる。消費した時間とは、一日の総時間の四十二年分であるから引き算をすれば当然〇秒になるわけだが、フージー氏は灰色の男の巧みなトリックを見

睡眠	441,504,000秒
仕事	441,504,000〃
食事	110,376,000〃
母	55,188,000〃
ボタンインコ	13,797,000〃
買物ほか	55,188,000〃
友人、合唱ほか	165,564,000〃
秘密	27,594,000〃
窓	13,797,000〃
合計	1,324,512,000〃

破れず愕然としてしまう。

すっかり意気消沈してしまったフージー氏に、灰色の男は時間の貯蓄をすすめる。彼の説明によれば、時間を倹約すれば、その倹約した時間が貯蓄されていくだけではなく、利息までつくというのである。すっかりその気になったフージー氏が、どのように時間を倹約したらよいのかをたずねると、灰色の男はつぎのように説明するのであった。

「……たとえばですよ、仕事をさっさとやって、よけいなことはすっかりやめちまうんですよ。ひとりのお客に一時間もかけないで、十五分ですます。むだなおしゃべりはやめる。年よりのお母さんとすごす時間は半分にする。いちばんいいのは、安くていい養老院に入れてしまうことですな。そうすれば一日にまる一時間も節約できる。それに、役立たずのボタンインコを飼うのなんか、おやめなさい！ ダリヤ嬢の訪問は、どうしてもというのなら、せめて二週間に一度にすればいい。寝るまえに十五分もその日のことを考えるのもやめる。とりわけ、歌だの本だの、ましていわゆる友だちづきあいだのに、貴重な時間をこんなにつかうのはいけませんね。ついでにおすすめしておきますが、店の中に正確な大きい時計をかけるといいですよ。それで使用人の仕事ぶりをよく監督するんですな。(13)」

灰色の男の時間の論理に圧倒されたフージー氏は、今後の時間の節約に懸命に励むことを約束する。ここで注目すべき点は、フージー氏の時間意識に急激な変化が生じたことである。それまでの生活では、彼は時間というものを、自己の外にあって、ある目標の達成のために効率性を高めながら利用することのできる物象的な存在とは、全面的には考えていなかった。彼にとって、時間とは少なくとも部分的には、内面を豊かにしつつ、充足感を味わう契機としての意味をもっていた。しかし灰色の男との約束によって、この内面的な時間意識が払拭されてしまったのである。

その結果は彼のその後の仕事ぶりに見事にあらわれてくる。客には不愛想にふるまい、余計なことは一切せず、一言も口をきかないで仕事をするので、確かに今までは一時間かかったものが、二十分で済んでしまった。余暇の時間も灰色の男の勧めどおりに、できるだけ切り詰めていったので、いわゆる無駄な時間はまったく無くなってしまった。しかしそれとともに、仕事はちっとも楽しくなくなり、彼はだんだんと怒りっぽい、落ちつきのない人間になっていく。

フージー氏と同じことが、大都会の他の多くの人々にもすでに起こっていた。その数は日増しに増えていったが、いうまでもなく灰色の男たちが、人目につかない形で、暗躍を繰り広げていったからである。ここでエンデはつぎのような意味深長な表現をしている。「その数がふえればふえるほど、ほんとうはやりたくないが、そうするよりしかないという人も、それに調子を合わせるようになりました。[14]」

時間貯蓄家があふれるほどになると、一つの風潮が規範として明確にこの社会のなかに露呈してくる。その精神とは『モモ』によればつぎのようなものであった。

仕事がたのしいとか、仕事への愛情をもって働いているかなどということは、問題ではなくなりました――むしろそんな考えは仕事のさまたげになります。だいじなことはただひとつ、できるだけ短時間に、できるだけたくさんの仕事をすることです。

大きな工場や会社の職場という職場は、おなじような標語がかかげられました。

時間は貴重だ――むだにするな！

時は金なり――節約せよ！

これと似たような標語は、課長の事務づくえの上にも、重役のいすのうしろの壁にも、お医者の診察室にも、商店やレストランやデパートにも、さらには学校や幼稚園にまで、はり出されました。だれひとり、この標語からのがれられません。(15)

こうして大都会の人々の生活が時間に追いたてられる、せわしない生活に変貌していくのだが、二つの疑問が生まれる。一つは節約した時間がどうなるのかということである。物語の上では、こうしてだましとった時間によって、灰色の男たちが生きのびていくのだが、実際に起こったことは、フージー氏をはじめ、時間貯蓄家たちの収入は増えていった、ということである。つまり余った時間は、さらに仕事に振り向けられた。それにともない消費生活も豊かになっていく。しかし人々はそれでも楽しくはなかった。余暇の時間すら無駄なく使わなくてはと、娯楽にすら効率を求めるようになる。結局時間を無駄なく使うことだけが、彼等の究極的目的になってしまう。

第二の疑問は、灰色の男たちの存在を現実の社会のいかなる現象として理解すればよいのかということである。エンデが灰色に象徴させているものは実体のない存在である。実体がないにもかかわらず、社会のなかに誤った思想を蔓延させていく。そのからくりを安達忠夫はつぎのように説明する。

灰色の男たちは、自分たちの実体がないにもかかわらず、人間から盗んだ時間によって寄生虫のように生きている。しかも、自分から切り離されて死んだ時間を彼らに与えることによって、彼らを肥えふとらせているのは、ほかならぬ、このわたしたち自身であるという。

『ジム・ボタン』に出てきた海賊たちは、「アッテハナラナイ国」を沈めて、相対的な悪、つまり自分たちの不自然な状態をあらためればよかったのであるが、灰色の男たちは、実際は「いないはずのもの」=「無」(nichts)なのである。灰でありながら、人間を思いのまゝにあやつって、その時間を――いのちの中身を――吸いとり、人間にたいして専制的力をふるうようになってしまう[16]。

結局人間自身がそういうものが発生する条件をつくり出し、人間の手には負えなくなってくる悪をエンデ自身はつぎのように述べる。

すなわち、人の手に負えない、無慈悲なものとして表現されたのです。ですから、それはどうやっても、喜劇的にはならないのです。こうして、その悪から、灰色の男たちが生まれました。彼らは、われわれの文明のいたるところで用いられているような、まさに、はっきり特定しうるタチの空虚な抽象的思考、計量的思考を体現しています[17]。

ここで否定的な意味で用いられている「空虚な抽象的思考、計量的思考」という表現は、内容的には、マックス・ヴェーバーの説く〈資本主義の精神〉を想起させる。この精神こそが、近代化過程が進展する契機を形成したわけだが、次節では、時間意識の変容が、いかに近代化過程にとって必須条件であったかを社会学的見地から考察してみたい。

三　近代化を支えた時間意識とその束縛

文化人類学者のエドワード・T・ホールは、対照的な時間意識として、単一的時間（Monochronic Time）と多元的時間（Polichronic Time）について言及しているが、モノクロニックな時間では一度に一つのことしかしないというやり方が重視されているのに対し、ポリクロニックな時間では、現在のスケジュールを守るということよりも、人間のかかわり合いと、相互交流に力点を置き、ポリクロニックな時間意識をもつ民族にとっては、時間の「浪費」はめったに経験されず、時間を直線的帯あるいは道としてよりも、むしろ点として考えがちで、しかもその点はしばしば神聖な点である、と述べている[18]。

ホールによれば、モノクロニックな時間は、欧米社会において、人々の生活をかなり規定しており、時間が生活様式のなかに完全に組み込まれているので、社会生活と仕事、さらには性生活すらもスケジュールに支配されている。しかしスケジュールを立てることによって、時間を分断することができ、これによって一度に一つのことだけに集中することが可能になるのは事実であり、スケジュールか、モノクロニックな時間体系のようなものがなければ、西欧型の産業文明が発生できたかどうかは疑わしい、とも述べている[19]。さらにホールの指摘で興味深いのはつぎの点であろう。

モノクロニックな時間は専制的であり、課せられた時間である。つまりそれは習得されたものである。それは徹底的に習得され、完全にわれわれの文化に組み込まれているために、生活を構成する唯一の自然で道理にかなった方法であるかのように扱われる。しかし、モノクロニックな時間は人間固有のリズムや、創造的活動に内在するものではなく、自然のなかに存在するものでもない。[20]

（傍点　筆者）

このようにモノクロニックな時間は、ホールによれば、本来的なものであるというよりは、西欧社会で形成された文化的所産の一つであり、人々に習得されてきたものであるが、実際にはどのようなプロセスを経て、西欧社会のなかに定着していったのであろうか。

佐藤敏夫は、測定される時間概念（クロノス）がとくに西欧で発達していった点に触れた上で、測定された時間によって規定された生活を促進した社会的母体が、まず修道院であったことを強調している。[21]

中世の修道院の日課が実に細かく定められていて、それにしたがって修道士たちが共住生活を行っていたことは、さまざまな記録で明らかであるが、これはそもそもは「聖ベネディクトウス会則」が原則となっている。ベネディクトウス時代のモンテ・カッシーノにおける時間割などを見ると、祈り、労働、読書、食事などについて、起床から就寝までの日課が細かく書き込まれている。しかしここで重要なことは、この日課表が修道士たちによってどのように実行されていたかという点である。

しかし、もっとも注目されてしかるべきなのは、このように一日の細かな日課が守られ、一日が組織的に過ごされることである。そのため、時間の遵守はきわめて厳格であった。ミサの時を告げる合図を聞いたら、どんな作業の途中でも手を休め、ただちにしかるべき場所に赴かなければならなかった。これに遅れた者は離れた場所に置かれ、修道院長や全会衆の目に晒された。また食事の時間に遅れたような場合も、初犯なら注意をうけるだけであるが、再犯の際には共同の食事につくことはゆるされず、一人で食事をしなければならなかった。[22]

厳密に定められた日課を、かくも厳格に守る修道生活の内的根拠は、組織的禁欲の遂行にあると言われる。福音的勧告にしたがって神への奉仕に生きる修道生活にあって、ベネディクトウスの勧めたora et labora（祈り、働け）をいかに徹底的に行うかが、その理想であり、聖徳の証しでもあったからこそ、その目的達成の最良の手段ともいえる日課の遵守は厳格をきわめたのである。

ともかくも中世の修道制度は、時間を有効に使って、目的にふさわしい生活を徹底するという一つの合理的精神を普遍化したのであり、それはやがて農村や都市にも影響をおよぼし、西欧社会に浸透していったのである。モノクロニックな時間意識は、その意味で修道院の組織的な禁欲にもとづく、時間の有効利用にその淵源があるといってもよい。

しかし注目すべきことは、修道院的な時間に対する組織的合理的な態度は、二つの点で、後述するプロテスタンティズムのエートスとなり、後に資本主義の精神の核心ともなる、極度に先鋭化した組織的な時間意識と異なっているということである。

まず第一に、修道院的時間意識においては、単位時間当りの効率を徹底的に追及していくというラジカリズムは存在していなかった。むしろ定められた日課のなかで果すべき勤行や労働は、伝統的に規定され、十年一日のごときものであった。したがって、中世の市民の労働や日常生活もこれに順じていた。

第二に、日課のなかで果すべき祈りや労働は精神的な質を求められており、内的充足をともなうものであった。労働も実は祈りなのであり、神との一致にもとづく深い精神的リズムをもつことが理想とされたのである。単調ではあっても、日々の生活には落着きと安らぎ、そして静けさが充満していたのである。

したがってモノクロニックな時間意識を純粋培養し、時間の効率的利用という半ば強迫的なまでのエートスに育て上げた源泉は、その後にヨーロッパ社会に登場してくる禁欲的プロテスタントにあると考えなければならない。この観点にたって社会学的な理論化を試みたのがマックス・ヴェーバーであった。

M・ヴェーバーは、プロテスタント各派のなかでもとくに職業倫理として組織的合理的な生活態度を重視したカルヴィニズム（とくに十七世紀のあいだに西ヨーロッパの主要な伝播地方でとった形態）、敬虔派、メソジスト派、再洗礼派を禁欲的プロテスタントと称した。[23] これらの各派では、世俗的職業労働を神に与えられた召命と解するとともに、[24] その職業活動が常に神の意にかなったものであること（つまり恩恵の地位を保っていること）を証するために、絶えざる努力による職業活動の業績の向上を求めた。つまり修道院における世俗外禁欲の代わりに、ここでは世俗内禁欲が追求されることになったのである。

ところで世俗内職業に禁欲を浸透させていく起動力はどこから派生してきたのであろうか。M・ヴェーバーは、その淵源がカルバンの預定説によってもたらされた信徒の心理的不安とその不安解消のためにとられた彼等の実践的対応にあると考える。カルバンの教説によれば、神は世のはじめからある人々を永遠の生命に預定し、他の人々を永遠の死滅に預定しており、この神の定めは絶対に変わることがない。現代とは異なり、来世の運命に強い関心を示した当時のキリスト教徒にとって、自分が救いにあずかるものか否かは、きわめて重大かつ深刻な問題であった。その関心の強さが、興味深い心理的現象を引き起こす。彼らのなかに、神の意志が変えられないものであるならば、せめて自分がその救済に預定されているのか否かを知りたいという欲求が生まれてきた。それに対し、教会における忠告として、主としてつぎの二つの指針が示されてきた。

その一つは、誰人も自分を撰ばれたものと思い、すべての疑惑を悪魔の誘惑として拒けることを無条件に義務とすることである。……いま一つは、そうした自己確信を獲得するための最もすぐれた方法として、（中略）むしろ職業労働によってのみ、宗教上の疑惑は追放され救われているとの確信が与えられる、というのであ

る。(25)

ところで、信徒の職業労働の実践こそ、証しをともなうがゆえに、将来への確信をもたらす効果は大きく、職業生活に救済の証しとしての完全性をそなえていこうという傾向が強められていく。しかし証しであるためには、職業活動が常に完全なものでなければならないから、その点において高度な勤勉に支えられた組織的合理的な禁欲的労働態度、すなわち計画性と能率的成果を重視する労働態度というものが要請されてくるわけである。

禁欲的プロテスタンティズムの諸宗派においては、カルバン派のようにかならずしも預定説を教義としていない教派もあったが、恩恵の地位の証明としての禁欲的態度は、実践上の共通の立場として受けいれられていた。組織的合理的な職業生活では当然のことではあるが時間の合理的利用に努力が向けられ、効率的な時間利用によって職業上の成果、つまり財の蓄積とその再利用による事業の発展が必然的に生じた。時間意識に関していえば、修道院生活に見られた、合理化された時間意識とは質の異なる、新たな、より一層合理化された時間意識が形成されてくる。すなわち、一定時間の絶えざる効率的利用が求められ、スケジュール化された時間内での労働は、もはや内的な充足にひたる余地を残さず、絶えずより効率的な時間利用へと行為を駆り立てる、外的要請への順応へと変化していった。ここで再認すべきことは、禁欲的ピューリタリズムの信徒にとって、時間をこのように利用せねばならないという意識の動因をなしていたものが、敬虔な信仰心であったということである。たとえば時間の無駄がなぜいけないのかを説くバクスターの考えにも、それがよく示されている。彼は、神の栄光を増すのに役立つものは、怠惰や享楽ではなくて、行為のみであると考えた。それゆえ時間の浪費はもっとも重い罪であり、時間の損失は、交際や無駄なおしゃべりやぜいたくによるものだけではなく、必要以上の睡眠によるものでも絶対に排斥しなければならないものとなる。(26)

救済の証しを求める熱心な宗教心から発した、職業労働における組織的合理的な生活態度の研鑽が日常化する過程で、それはヨーロッパ、とくに禁欲的プロテスタンティズムの影響の強い地域において、「倫理的な色彩をもつ生活の原則」[27]、すなわちエートスへと深められてゆく。そしてそれが社会のエートスとして、生活様式にまで強く浸透したがゆえに、その後それを生みだした宗教的背景が失われても、社会に長く残存していく強力な文化的所産となりえたのであった。

事実、その後西欧においてプロテスタント信仰が徐々に影響力を失い、人々の信仰心が後退していった後も、職業生活における内的な動因となりえたのであり、それはまさにヴェーバーのいう「資本主義の精神」であった。ところで宗教的バークボーンから切りはなされた世俗内禁欲主義のエートスが、どのような形で一人歩きしてきたかは、ヴェーバーの引用したフランクリンの言葉に見事に体現されている。

時は貨幣であるということを忘れてはいけない。一日の労働で十シリングをもうけられる者が、散歩のためだとか、室内で懶惰にすごすために半日を費すとすれば、たとい娯楽のためには六ペンスしか支払わなかったとしても、それだけを勘定に入れるべきではなく、そのほかにもなお五シリングの貨幣を支出、というよりは、抛棄したのだということを考えなければいけない。[28]

問題は、フランクリンの説話が禁欲的プロテスタンティズムの影響を受け、倫理的な勧告であったとしても、むしろそうした『倫理』の衣服をまとい、規範の拘束に服する特定の生活様式」[29]が、現代の西欧人の時間意識に与えた影響は、悲劇的な側面をもっていたということである。つまり時間の限りなき効率化が、結果として人間をエンデのいう時間貯蓄家の運命に、追い上げていかざるをえないからである。

フランクリンの取り上げている「時間」は、いうまでもなくきわめてモノクロニックな時間である。人間から外在化され、数量化され、効率的利用の対象として考えられ、貨幣に換算されている。時間が貨幣を生み、貨幣は利益を生むという単純な公式が、規範として示されている。時間の目的は利益を上げることであり、したがって恒常的に時間の効率性が追求される。個人の内的テンポとかかわりなく、能率追求によってすべてがスピードアップされていく。人間の一生は、彼自身に与えられた時間として、本来彼の人生の一刻々々の精神的充足のためにあるという考え方からすれば、フランクリンに代表される現代人の時間は、人間の手から何者かによってもぎとられ、意味のないことに用いられてしまった時間ということになる。時間の合理化が加速度的に進めば進むほど、その徴候は著しくなるのであり、エンデはそのプロセスにするどい警告を発していると言えるのではないだろうか。

M・ヴェーバーはおよそ九十年前に、「ファウスト的な人間の全面性への断念」という言葉で、来るべき時代の運命を予告した。

> ピューリタンは職業人たらんと欲した——われわれは職業人たらざるをえない。何故というに、禁欲は僧房から職業生活のただ中に移され、世俗内的道徳を支配しはじめるとともに、こんどは、機械的生産の技術的、経済的条件に縛りつけられている近代的経済組織の、あの強力な世界秩序を作り上げるのに力を添えることになった。が、この世界秩序《コスモス》たるや、圧倒的な力をもって、現在その歯車装置の中に入りこんでくる一切の諸個人——直接に経済的営利にたずさわる人々のみでなく——の生活を決定しており、将来もおそらく、化石化した燃料の最後の一片が燃えつきるまで、それを決定するであろう[30]。

ヴェーバーがすでに推測しえたように、現代人の生活のなかで、モノクロニックな時間意識が猛威をふるい、人間らしい生活を脅かしている。時間の救済が、いかにすれば可能なのかという問題は、今や差し迫った社会問題であるといっても過言ではない。

四　時間の救済

外在化され、数量化されたモノクロニックな時間を、現代人は自由に処理し、利用しうる時間ととらえ、その効率性を限りなく追求してきた。そのスケジュール化された時間が、かえって、人間の生活の外的な枠組となり、人間を疎外しつつある。たしかに現代人の理解する時間は貨幣に換算できるものであり、それを財と見做すならば、貴重でもあり、高価でもある。しかし時間の体験という観点に立つと、そのような時間は、実に痩せ細った貧弱なものになりさがっている。過ぎてしまった時間の存在感が、個人の内面で重みを失い、稀薄なものになってしまっている。

時間の救済の試みは、この観点からさまざまな形で行われているが、いずれも時間意識のとらえ直しを説く点で一致している。たとえば中村雄二郎は水平の時間に対して垂直な時間というものがあるのではないかと考える(31)。水平な時間は、ただ水平に均質に流れている時間であり、直線的な数量化された時間であり、現代人が日常的に利用しているモノトーンな時間である。垂直な時間はこれに対し、なにか一種の永遠というか、流れない時間である。それは神話的時間、非日常的時間と言われるものと同じで、心に刻印されるような出来事や事件に遭遇したりしたときに体験されるような時間である。この時間はただ横に水平に流れていくのではなく、ある意味では永遠に循環し、繰り返しがきくものであり、日常的時間には含まれていない異質な要素を絶えず生活のなかに導き入れる働きをする。

したがって垂直な時間は、われわれを宇宙の深みに引き込み、時空を越えた永遠を垣間見せてくれるといってもよく、それを体験する者は異なった時間意識をもつ。中村は現代は水平な時間のなかにもっと垂直な時間を導きいれ、時間を重層化することによって、生活にバラエティを与えていく必要があるという。実際には、水平な時間のみにとらわれるだけでなく、垂直な時間をも感覚できる時間意識を復元させていかなければならないであろう。

佐藤敏夫は、現代人の時間意識が、測定可能な時間概念であるクロノスに偏っていると考える。クロノス概念では時間を測定しうる直線と考えるために、時間の組織的合理的利用が絶えず追求され、しかも絶対化されるに至っている。(32) その偏重を正すためには、古代ヘブライ人にも、原始キリスト教にも見出されるカイロス概念を回復せねばならない。カイロスは直線ではなく、点、すなわち時点である。「産みの時」があり、「神の到来の時」がある。クロノスは人間が自由に処理しうる時間であるのに対し、カイロスは常に神の掌中にあり、神の意志によって到来する時間である。事を行うにふさわしい機会は、人間に予測できるものでもなければ、人間が定めることもできない。事の成就も人間の意志で左右することはできない。カイロスとしての時間に対して人間ができることは、その到来を待ち望むことだけである。

確かにこの世の事象は、人間がいかに精緻に計画し、計画通りに正確に実行しても、それが常に人間の思い通りにいくものではないことは明白である。自然の時間秩序が厳然として存在している以上、人間がいかに時間を組織的合理的に利用しようとも、それらの人間の営為を越えた「定められた時期」があり、それは待つことによってのみ、はじまり、成就するのである。カイロスを待つということは、自分で事を進めるという能動的態度に比して、「見る」「聞く」という受動的態度がより重視されてくる。モノクロニックな時間意識とは異なった時間意識が必要になってくると言えよう。

真木悠介は、前述したように、モノクロニックな時間意識によって、現代人が、与えられた現在という時間に空虚感をいだくメカニズムを解明してみせたが、その救済を共時性の感覚の回復に求めている。「そしてわれわれが、現時充足的《コンサマトリー》な時の充実に生きているときをふりかえってみると、それは必ず、具体的な他者や自然との交響のなかで、絶対化された『自我』の牢獄が溶解しているときだということがわかる。」[33]と彼が言うとき、そこで受けとめられている時間は、自我を越え出るほどに、自然や他者に魅せられて、その存在に融合している充足のひとときを意味している。それは「ひとつの感受性、その個我を存在の充溢のうちに溶解し解き放ってゆくあの共時性の感覚」[34]ともいえる時間意識によって把捉される豊饒な時間でもある。

M・エンデの考える、人間に本来的な時間概念については前述したが、彼が「時間は生活であり、生活は心の中にあるもの」と言うとき、それはいかなる時間の形態を指しているのであろうか。ふたたび『モモ』の物語に依拠してみたい。モモは灰色の男たちの追跡の手を逃れて、時間の国にたどりつき、そこで、時間をつかさどる不思議な人物、マイスター・ホラに出会う。彼と時間の意味について語り合いながら、モモは彼女が理解している時間を意識化していく。

「時間はある——それはいずれにせよたしかだわ。」と、彼女は考えにしずんで、つぶやきました。「でも、さわることはできない。つかまえられもしない。においみたいなものかな？　でも時間て、ちっともとまっていないで、動いていくものだわ。そうすると、どこからかやってくるにちがいない。風みたいなものかしら？　いや、ちがう！　そうだ、わかったわ！　一種の音楽なのよ——いつでもひびいているから人間がとりたてて聞きもしない音楽なのよ。でもあたしは、しょっちゅう聞いていたような気がするわ、とってもしずかな音楽よ。」

「わたしにはそれがわかっていたよ。」とマイスター・ホラはうなずきました。「だからわたしは、おまえをここに呼んだのだ。」

「でも、それだけじゃない。」と、モモはさっきの考えを追いつづけながら言いました。「あの音楽はとってもとおくから聞こえてきたけれど、でもあたしの心の中のふかいところでひびき合ったもの。時間というのも、やっぱりそういうものかもしれない。」[35]

時間というものを、かくも正しく理解していたモモであったが、彼女自身に与えられた時間が、どれほどに豊かで壮大なものであるかということは、まだ知らなかった。マイスター・ホラは、モモを「時間のみなもと」に連れてゆき、本当の時間の姿がどのようなものなのかを、彼女に実見させる。モモが時間のみなもとで見たもの、それは、このうえもなく美しい花を次々と咲かせる、えもいわれぬ光と音楽の交響であった。壮大にして永遠を感じさせる至福のすべて、彼女ただ一人に与えられた時間でさえ、かくも素晴らしいものであることを知り、モモは圧倒される。[36]

ここに描かれたモモの時間体験を、フィクションの世界の想像と理解する立場もあろうが、むしろそのリアリティを認める側に立ちたい。確かにモモの時間体験を多くの一般人は持ち合わせていない。しかし稀有な事例ではあっても、現実にそのような体験を告白している人物は存在する。たとえばクリシュナムルティーが書き残した多くの著書のなかには、そのような体験が多く語られている。[37] クリシュナムルティにかぎらず神秘体験をする人々の間では、時間のリアリティは同様にとらえられている。

他方、モモの時間体験は、すでに引用した論者の主張する時間意識を肯定する共通要因を内包している。つまり本来的時間は、人間の組織的合理的な処理にはなじまず、むしろ人間の操作に左右されることなく、普遍的に存在して、人間がその存在に気づき、内面的に体験しうるもの。しかもその豊饒さと壮大さは、人間の意識をはるかに越え、永遠性を秘めている。人間が自我の閉ざされた枠組を超越して自然と他者に融合するとき、感覚されうるもの。人間に待つことを要求し、受動的な姿勢で、全感覚を傾けて、その侵入を期待すべきもの、それが人間一人一人に用意されている時間である。

こうした本来的時間への回帰についても、すでにいくつかの解決策について検討を試みたが、エンデは『モモ』のなかで、それらと比べた場合、かなりラディカルともいえる時間救済の方法を提唱する。物語のなかで、モモはただ一人、灰色の男たちに立ちむかい、彼等の時間銀行に忍び込んで、彼等が奪った時間を人間の手に取り戻す。その勇気を彼女はどこから得たのであろうか。それは自分のために用意されている時間の充満を実見し、それがいかに豊饒なものであるかを完全に感得したがゆえであった。

モノクロニックな時間意識にとらえられている現代人を覚醒し、時間の充溢へ多少なりとも導いていくためには、強力なインパクトを必要とする。なぜならば、そのような時間意識が社会的エートスに支えられ、強固な信念となっているからである。つまり現代は、人間を時間の疎外から解放するために、モモのような英雄を必要としているのであり、それはごく少数の人々であろうが、時間の永遠性を神髄において体験した人びとである。その体験こそ、現代人に対して最大の説得力をもつのであり、人々のなかに静かに伝播していくものにちがいない。前述のクリシュナムルティなどはその一人であり、日本を例にとっても、彼の多くの著書が翻訳され、めだたないが、多くの読者を獲得している。静かにひろがりつつある意識革命に、時間の救済への希望を託したい。

注（1） Michael Ende: *Momo*, 1973、大島かおり訳『モモ』岩波書店、一九七六年。

（2） たとえば、Endward T. Hall: *Dance of Life: The Other Dimension of Time*, 1983、宇波彰訳『文化としての

時間』ＴＢＳブリタニカ、一九八三年、真木悠介『時間の比較社会学』岩波書店、一九八一年等を参照。
(3) Ｍ・エンデ、大島かおり訳、前掲書、二二頁。
(4) 安達忠夫『ミヒャエル・エンデ』講談社、一九九八年、一四四頁。
(5) Ｍ・エンデ、大島かおり訳、前掲書、二四頁。
(6) 河合隼雄「『モモ』の時間と『私』の時間」『図書』岩波書店、一九七九年七月号、四〇頁。
(7) Ｍ・エンデ、大島かおり訳、前掲書、七五頁。
(8) 同、七二頁。
(9) 同、七六頁。
(10) 真木悠介、前掲書、二九〇頁。
(11) Ｍ・エンデ、大島かおり訳、前掲書、七八頁。
(12) 同、八四頁。
(13) 同、八八〜八九頁。
(14) 同、九二頁。
(15) 同、九四頁。
(16) 安達忠夫、前掲書、一五二〜一五三頁。
(17) 樋口純明編「エンデ、自伝と作品を語る」『ミヒャエル・エンデ――ファンタジー――神話と現代』人智学出版社、一九八八年、三五頁。
(18) Ｅ・Ｔ・ホール、宇波彰訳、前掲書、六二頁参照。
(19) 同、六五〜六六頁。なお同様のことは、たとえば真木悠介（前掲書、二五九〜二六三頁）や、ムーア（Wilbert E. Moore: *Man, Time and Society*, 1963、円下隆一、長田政一訳『時間の社会学』新泉社、一九七四年、一六頁。）も指摘している。
(20) Ｔ・ホール、前掲書、六六頁。
(21) 佐藤敏夫『時間に追われる人間』新教出版社、一九九〇年、一三六頁参照。
(22) 同、一三九頁。なお、Ｊ・アタリ、蔵持不三世訳『時間の歴史』参照。

(23) Max Weber: Die protestantische Ethik und der "Geist" des Kapitalismus, in *Gesammelte Aufsätze zur Religionssoziologie, Bd. I.* Tübingen, 1920、梶山力、大塚久雄訳『プロテスタンティズムの倫理と資本主義の精神（上・下）』岩波書店、一九六〇、一九六二年、下七頁参照。

(24) 世俗的職業生活も神の召命であるという考え方を初めに説いたのはルッターであったが、彼はその職業を禁欲的に遂行せねばならぬとは考えておらず、職業と、禁欲を結びつけたのは、カルバン派に代表される禁欲的プロテスタンティズムである。『プロテスタンティズムの倫理と資本主義の精神（上）』九四頁以下を参照。

(25) 同（下）、四四～五〇頁。

(26) 同（下）、一六八頁参照。

(27) 同（下）、四四頁。

(28) 同（上）、三九頁。

(29) 同（上）、六三頁。

(30) 同（下）、二四五頁。

(31) 中村雄二郎「人間の時間について」『図書』、岩波書店、一九七八年一月号、一五頁参照。

(32) 佐藤敏夫、前掲書、一八三～一九六頁参照。

(33) 真木悠介、前掲書、二九七頁。

(34) 同、二九九頁。

(35) M・エンデ、大島かおり訳、前掲書、二一〇頁。

(36) 同、二一五～二一八頁参照。

(37) たとえば、「夕刻、〈それ〉はそこにあった。突然〈それ〉はそこにあって、部屋を壮大な美と力と優しさで満たした。他の人たちも〈それ〉に気づいた。」（J・クリシュナムルティ、おおえまさのり監訳、中田周作訳「クリシュナムルティの神秘体験」めるくまーる社、一九八五年、一〇頁）。「L家にあったあの存在がそこにあり、限りない優しさを秘めて、慈悲深く、じっと待っていた。〈それ〉はあたかも暗闇の夜に光る稲妻のようであったが、〈それ〉はそこにあって、浸透し、至福に満ちていた。」（同、一九頁）。「その朝、とりわけ早い時刻、谷間は異様に静まり返っていた。ふくろうはすでに鳴きやんでおり、遠い丘から送られてくるはずの仲間の答えも聞かれなかった。犬の吠え声も聞こえず、村はまだ目覚めていなかった。東方には夜明けを告げる輝きが現われたが、南十字星はまだ姿をとどめていた。葉群の間にはささやきひとつなく、地球そのものが回転を止めているように思われた。沈黙を感じ、それに触れ、その芳香をかぐことができた。沈黙にはあの浸透性があった。それは向こうの丘や木々の間だけでなく、人の存在の中に浸透してきた。人と沈黙とは別々の離れた存在ではなかった。また音と沈黙を区別することは無意味であった。そして黒々とした不動の丘は、人と同様、沈黙の一部であった。」（J・クリシュナムルティ、大野純一訳「クリシュナムルティの瞑想録」平河出版社、一九八二年、七九頁）。

ナチス政権下における教会の対応とグラフ・フォン・ガレン司教の抵抗運動

一　ナチス体制下の抵抗運動

ヒットラーが率いたナチ党は政権について実際に国政に携わるまでは、イデオロギーにおいて人種排他的、国粋主義的、軍国主義的であることは知られていても、その統治における独裁的かつ強権抑圧的な側面をありのままに示すことはなかった。その後のラディカルな反動的改革は人々の予想を超えていたと言える。体制下においても、国威の高揚、景気回復、失業減少、相つぐ戦勝等によって国民大衆の支持を得る面もあったが、ユダヤ人迫害をはじめとする政策の犠牲者は多く、全体主義国家の性質上、国民全体に対する中央集権的支配は強制的同質化により具体化され、自由と人権は根底において奪われる結果となった。

当然のことながら統制と抑圧に対するさまざまなレベルにおける国民の側からの反抗が生まれてくるわけで、現在までにナチス体制下でも多様な抵抗運動があったことが明らかにされている。組織的に、あるいはグループで行われたものもあるし、個人によって行われたものもあり、その抵抗の内容、度合いもさまざまであった。比較的よく知られているのは、ベックやシュタウフェンベルクらの軍部将校団によって企てられたヒットラー暗殺計画、ミュンヒェンで行われたショル兄弟の白バラ運動、単独でヒットラー爆殺を狙ったエルザァ事件等がある。

広範な抵抗運動のなかで、その展開と成果が耳目を驚かすものでもなかったとしても、必然的に行わるるべくして行われたのが、キリスト教教会の抵抗運動であった。一党支配の独裁による全体主義国家の建設を目指すナチスの政策は、キリスト教の宗教観には根本的に抵触せざるをえなかったからである。「ナチスの全体主義的権力行使の要求は人間を完全に掌握しつくし、人間としての正当な要求を主張するすべての集団を排除しようとした。したがって教会との軋轢は避けがたいものであった」[1]と言えるのである。

二　キリスト教教会の抵抗運動

ナチス政権に対するキリスト教教会の抵抗運動に関しては、プロテスタントにおいては比較的大規模な組織で強制的同質化政策に対する抵抗運動が試みられたのに対し、カトリックでは教会としてのまとまった抵抗運動もなかったし、教会内の特定のグループによる抵抗運動もなかったという見方がある。[2]むろんカトリック教会サイドで抵抗運動がなかったということではなく、ヒットラーとナチスの教会懐柔策と当時のドイツ・カトリック司教団、ひいてはローマ教皇庁の体質から生じたナチス政権に対する対応が、カトリック教会の抵抗運動を多面化させるとともに複雑にしたということであろう。印象的にはカトリック教会側の抵抗運動は弱腰でありかつ一貫性がなく保身的であったと見ることもできるが、司教団のなかには、身を挺して公然とナチスの弾圧に抗議した司教も例外的には存在した。そのなかで教会のみならず、ドイツ全体、否、外国にまでその活動が知られ、ナチス側にも少なからざる影響をおよぼした人物として、クレメンス・アウグスト・グラフ・フォン・ガレン司教の名前を挙げることができる。

組織的テロ行為による抑圧も辞さない弾圧によって、人間性を根底から否定しようとするナチスのような全体主義政権に、キリスト教の信条にもとづいて、信仰と人権を擁護する戦いがいかなるものかを、ガレン司教の言動は示していると思われるが、その点をカトリック教会、とくに司教団の対応と比較しながら考察してみたい。

三　ヒットラーの政府声明とカトリック教会の対応

ワイマール共和国は三十年代に崩壊へと向かうが、それは同時にナチスの台頭と重なる。一九三〇年九月の国会選挙でナチスは一〇七議席を得て社会民主党につぐ第二党へと大躍進をとげた。その勢いはとまらず、三二年七月の選挙では二三〇名の当選を得て一躍第一党の地位を占めるに至る。勢いを得たナチスはドイツ各地で突撃隊によるテロで暴力的衝突を引き起こし、政情を不安定なものとし、ついで保守派や経済界にナチ党との協力は不可欠との認識をいだかせ、三三年一月三十日にヒットラーを首相とする政権奪取が実現した。しかし、そのヒットラー政権は十二名の閣僚中、ナチ党員はヒットラーの他は二名という構成でスタートした。一党独裁を狙うヒットラーは国会を解散し、三月五日の選挙で単独過半数を目指すが、それがならず、国家人民党と組んでかろうじて過半数を制するにとどまる。しかしナチスはそれを大勝利と宣伝した。再び権力の座についたナチスは、基盤を固めるため、共産党議員を逮捕して議席を剥奪し、中央党を抱き込む等、強引かつ狡猾な手段を使って全権委任法を成立させてしまう。こうして三月二十三日にヒットラーの独裁が成立し、以後州政府の廃止、ナチ党以外の政党の禁止、労働組合の解散などの強制的同質化が実施され、中央集権体制が導入されるとともに、反対勢力を排除するために、公務員の粛清、強制収容所の設置、危険分子の逮捕投獄などが矢継ぎ早やに行われていったのである。

こうした大きな政情の変化に対してカトリック教会はどのような対応を示したのであろうか。ヒットラー政権の台頭は教会や信仰者にとって対岸の火事などではなく、身にふりかかる火の粉であることは自明のことであった。実際の対応においてまず特筆すべきことは、司教団のナチスに対する対応策に、ヒットラーの政権掌握前と掌握後で一八〇度の転換があったということである。すなわち一九三〇年から一九三二年までは司教団は数多くの態度表明のなかでナチスの政治体制の正当性をまったく認めず、カトリック信徒がナチスの党員になることすら禁じていた。ところが一九三三年一月三十日の政権掌握後は慎重にナチスと駆け引きをしていこうという姿勢が見られるのである。[3] それは当然のことながら教会の生活圏を危険に晒さないための方策として一応納得できる。しかしこうした教会側の姿勢を促した決定的な原因は、ヒットラー自身によって用意された。彼としても教会の強い抵抗をできるだけ抑えておきたいという意向があったからである。三月二十三日の国会における政府声明で、彼は教会に対してつぎのようなことを明言しているのである。「ナチス運動は、二つのキリスト教会宗派のなかにわが民族性を維持していく上での重要な要因を認めている。各州と教会間で締結された条約を尊重し、教会の権利は侵害されることはない。……ナチス政権はキリスト教宗派の学校や教育においてそれらにふさわしい影響を認め保証する。……また政府はキリスト教のなかにわが国民の道徳的生活に対する揺るぎない基盤を認めるとともに教皇座との友好的関係を保持し、作り上げていくことをきわめて重視するものである」[4]。

ヒットラーのこの言明が教会を安心させるための単なる誑かしであり、実際にはいかなる保証にもならなかったことは、その後のナチスのとった行動で、今では明らかである。しかし司教のなかにはこの甘言をまともに受けとめる者もいた。少なくとも相手の出方を今後も慎重にうかがいながら対応していくことが教会にとっては最良の策ではないかと考えた訳で、妥協であったと言わざるをえない。これに対して妥協を拒否する司教もいたが、少数であり、例外と言うべきであろう。

したがってベルトラム枢機卿が主宰するフルダーの司教会議は三月二十八日に、ナチス運動に対するこれまでの教会の警告は二十三日の政府声明で述べられた確約に鑑み撤回する、という声明を発している。[5] しかしあまりにも早まった決定であり、ナチスにとっては思う壺であったかもしれないが、教会内のナチス批判派はびっくりするとともに、自分たちは教会に見捨てられたのではないかという思いで意気消沈するばかりであった。

四　政教条約の成立

政府声明とは裏腹に、ナチスは政権奪取後ユダヤ人の迫害をはじめとする弾圧政策を実行に移したことは前述したが、教会側には戸惑いと不安が生じたことは言うまでもない。教会の組織と活動、信徒の信仰と生活を守るための法律的保障の必要性が痛感された。ナチス政権はこの教会側の切実な願望にも、政治的な戦略をもって対処し、たくみに提案をもちかけた。早くも政府は四月はじめにローマ教皇庁に対して、政教条約の締結に関する打診を行っている。ヒットラー自身は、はじめはこの交渉にあまり関心がなかったという。しかし彼は政教条約を締結すればナチス政権に対する国際的評価が得られるし、内政的にはカトリック教会との関係に良好な影響をもたらすと判断し、積極的にその成立への努力をかたむけた[6]。教会側には、交渉の相手方である政府の欺瞞性と不誠実性への懸念から、締結は時期尚早であると考える司教もいたが、存立の不安を法的に解消したいとの考えから、教皇庁もドイツ司教団も乗り気になり七月二十日に条約が批准される。

こうしてともかくも政教条約によりドイツの教会の自由が法的に保障される運びとなった。そのなかでは修道院、宗派学校、各種の信者団体の存立および独立した活動等も保証されていた。

しかし教会が政教条約に寄せた期待が、幻想であったことが、次第に明らかになる。一九三三年の秋には、カトリックのアクション団体や出版社などの報道機関が政府の弾圧措置に見舞われた。たとえばミュンヒェンのカトリック・アクションの前委員長であったミュラーが逮捕される等の事件が次々と起こっている。教会側はそれらの措置に対して政教条約の違反であるということで政府側に申し入れを行うが梨の礫であった。その後の数年間もナチス政権にいかなる対応をすべきかについては司教団の間で意見が分かれ、公に抗議を行うべきか、あるいは政府との友好的な交渉にゆだねるべきかの間を揺れ動いていた。フルダー司教会議の議長であったベルトラム枢機卿は穏健な対応を主張し、違反行為に関しては政府に対する内密な陳情をもってのぞむことが当を得ているという考えであった。公然たる抗議は教会と政府の関係に決定的な破局をもたらすかもしれないという危惧をいだいていたからである。(7) 結局は彼の考えが教会指導部の方針の大勢を決していったと言うことができる。

教会当局の弱腰は、ナチス政権にとっては懐柔政策の成功を意味するものであり、一方で政府声明と政教条約で教会側を安心させ、約束の不履行に対する抗議は適当にあしらいながら、強制的同質化にともなう教会組織の解体と活動の抑圧、禁止という方法で、教会の弾圧を着実に進めていったのである。その間、聖職者、信徒にも多くの犠牲者を出していった。聖職者に加えられた強制措置だけでも枚挙にいとまがなく、説教禁止、強制的人事異動、聖職剥奪、学校での司牧活動禁止、家宅捜索および退去、押収、逮捕、尋問、郵便物の検閲、戒告、国賊よばわり、侮辱、妨害行動、暴力行使、夜襲、密告、罰金刑、自由刑、強制収容所移送等が挙げられる。(8) たとえば一九三八年には三百四人の聖職者がダッハウ強制収容所に収監されている。強制措置により、最終的には処刑された人々も多くいる。

五　グラフ・フォン・ガレン司教の場合

司教団全体の日和見的態度のなかで、ナチス政権に対して常に強硬路線を貫いた高位聖職者がいなかったわけではなく、特に二人の人物、ベルリン司教グラフ・フォン・プライジングとミュンスター司教グラフ・フォン・ガレンの名前が教会抵抗運動の研究で取り上げられている。いずれも強靭な精神と信仰、卓越した政治的判断力、そして教会共同体とその枠を越えて全人類――そのなかにはユダヤ人も含まれる――の自由と生存に対する責任者という自覚にもとづいて、ナチスという巨大な強権集団に、迫害と弾圧をしりぞけてプロテストを試みたのであった。ただしガレンの場合、その抵抗運動はドラマティックであり、ナチス政府と教会信徒、ひいては世界世論に与えた影響はより顕著であったと言える。以下にベルトラム枢機卿に代表されるドイツ司教団との比較も考慮にいれながら、彼の抵抗運動の足跡を追ってみたい。

グラフ・フォン・ガレンは一八七八年にその名前が示すようにオルデンブルクの由緒ある貴族の子弟として出生している。オルデンブルクはカトリック信仰の強いミュンスターラントに属し、ガレンの家系も信仰篤く、数人の聖職者も出ている。一九〇四年に司祭に叙階され、長期間、首都ベルリンで司牧生活を送った後、故郷であるミュンスター教区のランベルティ教会の主任司祭となった。ついで一九三三年九月五日、教皇ピオ十二世によりミュンスター教区の司教に任ぜられ、十月二十八日にパウルス・ドームで叙階の礼をうけた。[9] 彼のこの時期における司教就任には運命的なものを感ぜざるをえない。前述したように同じ年にヒットラーの率いるナチスが政権を掌握し、偏った人種論にもとづく国粋主義と非人道的国家政策により、ユダヤ人の迫害をはじめとするファッシズムが強行されていくからである。

司教就任直後からガレンは当局への文書をもって政府の政教条約違反を非難し、人権と教会の権利の尊重を強く要請している。また多くの説教においてナチスの人種妄想と偶像崇拝に批判を加えている。多くの記録や証言に照らしてもガレン司教が当初からきわめて明確にナチスのイデオロギーが正当でないことを表明し、その立場から政府の措置に対処してきたことが分かる。一九三四年の復活祭にはミュンスター教区で予期せぬ出来事が起こった。教区のすべての教会のミサでガレン司教の教書が朗読されたが、そのなかで真っ向からナチズムが新たなる異教であると非難が浴びせられていたのである。公然と政府批判ができなくなっていた時代に、その言葉は

「暗闇にともる一条の光」[10]にも思えた。これ程、思っていることをはっきりと述べた司教教書はドイツではじめてのことであったからである。

ガレンの抵抗運動を考える時、ミュンスターラントがドイツのなかでも格別にカトリック信仰の強い地方であったことを忘れてはならないであろう。ミュンスターラント出身のガレンはまさにこの地にうってつけの、信徒の信頼をかちうる司教でもあった。ナチスにとっても扱いづらい地域であったことは、この地のゲシュタポのベルリンへの報告でも分かる。彼は、カトリック者の間で現在の国家とその指導者および政治運動の正当性を認めまいとする動きがますますひろまっている、と伝えているのである。一九三六年の秋にオルデンブルクで一つの象徴的出来事が起こった。オルデンブルクの教会・学校庁が学校から十字架とルッター像を取り除く布告を出したことに端を発するいわゆる「十字架闘争」である。かなり多くのオルデンブルク市民がこの布告に反対の姿勢を示した。これに先だって全教会で朗読された司教声明が住民を抵抗へと駆り立てたのであった。いわく「救いの印である十字架への攻撃はすべて、われわれにとってはきわめて当然のことながらキリスト教への攻撃にほかならない。それゆえわれわれはそのような指令には断固とした抗議を唱える。カトリックの学校からは十字架を取り払うことは許されないのである。」[11]一九三六年十一月二十五日にクロッペンブルクのミュンスターホールで行われた集会で、管区長官のカール・レーバーは政府の措置を正当化しようと試みたが、会場の雰囲気は、彼が十字架撤去の布告を取り下げねばならないほど殺気を帯びていた。その時の模様を居合わせたディンクラーゲの主任司祭ヨゼフ・マイヤーがつぎのように証言している。「ホールのなかでは妙な具合になっていった。はじめは皆信じられない程おとなしくしていた。レーバーがやってきた。ＳＡ（突撃隊）が二列の隊列を組んで入場してきた。やがてレーバーは人種の改良と良種の子孫とかいう突拍子もない話をはじめた。すると突然農民のゲッティングが後ろの方からものすごい大声で〝十字架、十字架！〟と叫んだ。レーバーははじめは相手にしなかった。すると今度は大勢の人が、〝十字架、十字架！〟と叫んだ。レーバーは落ち着かなくなり、ホールの中のＳＡの隊員に、静かにさせるよう命じた。しかしＳＡの隊員たちはほとんどその場をおさめることができなかった。レーバーが再び北方民族のことについて話しはじめると、またしても待ってましたとばかり〝十字架、十字架！〟がはじまった。すると突然レーバーはポケットから一枚の紙を取り出し、――私はそれに何かが書いてあったとは思わないが――つぎのように述べた。『十字架を学校から取り外すという命令は撤回される。』大変センセーショナルな出来事であった。全員が万歳を叫んだ。後から人から聞いたことだが、レーバーはホテルで荒れまくったそうだ」[12]。

六　回勅『切実なる憂慮をもって』の波紋

しかし、教会関係者を含む異端分子に対する抑圧、迫害、全体主義国家体制を推進するために不用とされた集団や制度の排除によって、ナチスの圧政はますます先鋭化し、結果的には教会との関係ではさまざまなケースで政教条約に違反する行為を重ねていった。ローマ教皇庁はこの間のドイツの政情にきわめて深刻な憂慮をいだきつつも直接的な介入を試みることを控えてきたが、ドイツの司教たちからの強い要請もあり、教皇ピオ十一世は回状の公布に踏み切る。回勅『切実なる憂慮をもって（Mit brennender Sorge）』は一九三七年三月十四日にひそかにベルリンのローマ教皇大使館に送られ、三月二十一日、枝の主日（復活祭の前週の日曜日）に、政府の意表をついてドイツ中のカトリック教会でミサの間に説教台から朗読された[13]。伝統的にラテン語で書かれることになっているにもかかわらず、はじめてドイツ語で書かれたこの回勅は、ナチス政府がこれまで行った数多くの政教条約違反を列挙し、教会の諸権利を明確かつ具体的に叙述している。また世俗的な価値基準によって、人種とか民族とか国家を宗教的価値においてすらも最高規範とするようなことは、神によって創造され、命ぜられた秩序に逆行し、ゆがめることであると断じている。最後に全信徒に向かって毅然さと忠誠を呼びかけ、結びの言葉としている。

回勅は日曜日のミサでの朗読にとどまらず、印刷されて多くの聖職者や青年たちの手で人々に配布された。政府の憤激は大きく、印刷を引き受けた多くの印刷所が没収され、配布に協力した聖職者や青年たちは逮捕され、強制収容所に送られた者もいた。しかし教皇の沈黙が破られたことでドイツのカトリックは明確な支援を受けたことになり、大いに勇気づけられたのである。無気力状態に陥っていた信者たちは息を吹き返したかのようであった。たとえばアーヘンでは七年ごとに大巡礼が行われる習わしがあったが、一九三七年七月がその巡礼の時期にあたっていた。アーヘンの町にはかってない程の大群集が殺到し、信用しうる統計によれば七十五万から八十万の信徒が巡礼に参加したという(14)。

一九三七年、ヒットラーはカトリック教会との闘争が目下のところ内政で取り組まなければならないもっとも重要な課題であると考えていたが、内政、外政を同時に片付けていくのは無理なので、対外的な政治計画をまず実現していくという方針をとった。その結果教会との確執は後まわしにされていたのである。したがって当時の教会は司教たちが考えているよりもずっと強い立場に置かれていた。しかし司教団はカトリック一般信徒の不穏状態や鬱積した怒りにはブレーキをかけ、ヒットラーの軍事的勝利や政治的成果に祝電を度々打ったりして、政府に擦り寄る姿勢を示していた(15)。こうした対応は司教団のなかでも疑問視する声もあった。

ミュンスター教区では、フォン・ガレン司教の采配で数日間で回勅十二万部の印刷を済ませ、枝の主日にすべての教会の説教壇から朗読することに成功した上、パンフレットは多くの信者の手にも渡った。回勅を効果あらしめるためにガレンは早くも四月には、司教団に対して回勅の指針を実行に移す内容をもりこんだ司教教書を発布するように促している。彼は、もし教皇がつくりだしてくれたこの局面を司教団が活用しなければ、苦境に追い込まれているドイツの教会に対する教皇のせっかくの尽力も無意味になってしまうと考えていた。[16] 引き続きガレンは西ドイツ司教会議の席で自ら司教教書の草案を提示している。この草案のコピーはベルトラム枢機卿のもとにも送付された。しかしながらガレンや他の司教の努力にもかかわらず司教教書は日の目を見ることはなかった。ちなみにベルトラムはガレンの行動をあまり快く思っていなく、「グラフ・フォン・ガレンは政治の駆け引きに必要な微妙なセンスを持ち合わせていない、彼はドイツの司教団に対して自分のところのヴェストフォーレンの農民と同じように指図ができるとでも思っているのだろうか、」という感想をもらしている。

ところでガレンの杞憂をよそに、ナチス政権による政教条約の組織的空洞化は進行していった。それでもガレンは再三にわたって権力の濫用と政教条約違反に対して公然と抗議を行うという彼の路線を変えることはなかった。したがって、ためらいがちで慎重な他の司教たちの抗議行動に歩調を合わせることはできなかった。教会指導者としては孤立して単独行動を余儀なくされる面もあったが、教区の信徒の信頼は厚く、彼らからの支援に欠けることはなかった。しかしナチスの圧政は強くなるばかりであり、たとえばあらゆる反対と抗議を試みたにもかかわらず、宗派学校を宗派混合学校に変更するという政府の措置を食い止めることはできなかった。

七　人種妄想とユダヤ人の迫害

ナチスの非人道的な性格が政治行動のなかでもっとも端的に示されたのは、いうまでもなく反ユダヤ政策である。ドイツ社会ひいてはヨーロッパからユダヤ人を排除しようとするこの政策は、ユダヤ人問題の「最終的解決」として大量虐殺までエスカレートしたわけだが、ユダヤ人は、一九三三年七月にまず公務員の職を奪われ、三五年九月に施行されたニュルンベルク法では、ドイツ人との結婚および性的交渉が禁止され、公民権を奪われて二級国民へと位置づけられてしまう。さらに一九三八年十一月九日から十日にかけての「水晶の夜」事件で知られるユダヤ人ポグロムでは、ドイツ全土で数多くのユダヤ人商店やユダヤ人の住居が突撃隊によって焼き討ちされたり、破壊され、死者も百人近くにおよんだ。この事件を契機にユダヤ人の迫害が組織化し、多くのユダヤ人が強制収容所へ送られていった。

キリスト教教会は宗派によって対応への多少のちがいはあったものの総じて静観的な態度をとっている。[17]もともと教会には人種論的な意味でのアンチセミティズムというものはほとんどなかった。しかしながら教会の人々も社会、文化的な意味でのユダヤ人に対する敵意のようなものは、少なくともユダヤ人は余計者だというような感情表現のなかに示されていたと言える。[18]また伝統的な宗教的アンチユダヤ主義は教会のなかにあった。国家には少数民族に対する規制措置を発令する権利があるという考え方が何故いけないのかというような発想もなくはなかった。抑圧への恐れという、しごくもっともな理由も証言されている。ユダヤ人と仲が良いと見られることは、生命の危険にもつながる恐れがあったのである。また、もし政府のアンチセミティズム的な法律を批判するならば、政府のもっとも痛いところをもついてしまうことになりはしないかという不安もあった。

したがって「水晶の夜」にもキリスト者の抗議は限られた個別的なものに終わった。グラフ・フォン・ガレン司教の場合、その対応は慎重かつ微妙であった。彼は基本的に信仰の自由と人権の擁護を自分の責務と考えていたから、司牧者として教会と信徒の行く末を案じるだけではなく、人権と人間の尊厳の侵害という見地からユダヤ人の迫害についてもはじめから憂慮を示していた。

ポグロムの当日には彼は旅行中でミュンスターには居合わせなかったが、他の司教と同様、その後も公の抗議はしていない。[19]シナゴクやユダヤ人の商店、住居を破壊、焼き討ちし、多くのユダヤ人に迫害を加えた突撃隊の暴挙に対しては、教会側からも公然たる抗議がなされるべきではなかったかという疑問が呈されている。ガレン司教の真意は分からないが、彼の態度が賢明であったことを推測させる事件はなくはなかった。一九四二年にオランダのユトレヒト大司教デ・ヨングはユダヤ人の強制移送に司教教書による抗議を行ったが、それに対するナチスの報復としてユダヤ人の迫害、しかもとくにキリスト教徒であるユダヤ人に対する迫害が強化されるという事態が生じている。当時のドイツ国民の世論の支持を考える時、ユダヤ人迫害に関しては、公の抗議が、かえってナチス政権のユダヤ人迫害政策に拍車をかけ、犠牲者を多くするだけであるという心配もあながち否定できない。フォン・ガレン司教の場合も深慮の末の決断であったのかもしれない。ポグロムのあったつぎの日曜日、ガレンは教区のすべての教会でユダヤ人のために祈るよう指示をしている。ガレンは早くから教区の信徒に、ナチスの人種偏見論の誤っていることを訴えてきたが、その影響もあってか、あるユダヤ人の戦後の回想によれば、ポグロムの翌朝、被害を受けたユダヤ人のところへ、食料やお金を届けてくれたカトリック教徒の農家の人々もいたそうだ。

八　戦勝にともなうナチスの教会弾圧の強化

ヨーロッパ戦線での圧倒的勝利により、ヒットラーは自信を深め、彼の権力欲もさらにふくらんでいった。そしてソ連進攻は新たな勝利の陶酔を呼び起こし、ナチ党員は、この勢いで国内問題も片付けることができ、彼らの狂信的なイデオロギーを実現していくことができると信ずるようになった。[20] 彼らには、いよいよ人種論を実践に移す時期が到達しているように思えた。ユダヤ人、ジプシーおよびその他の劣等民族のホロコースト、生存価値のない生命の組織的安楽死がそれであった。そして教会財産の没収や修道院から修道僧や修道女を追放することにより、教会を無力にしていくことも彼らの計画のなかに入っていた。

一九四一年の夏、政府の新たな人権侵害ならびに教会への干渉も一段と過熱化するなか、戦勝気分の高揚はとどまるところを知らなかった。ラジオからは間断なく特別放送のファンファーレが鳴り響き、新たな勝利と何十万人というソ連捕虜の数と捕獲した戦利品の報告が行われた。この時期にボルマンの指揮のもとに「修道院強襲」の嵐が吹き荒れる。ミュンスター教区でも七月の初めに突然いくつかの修道院が没収され、修道士や修道女たちが強制退去をせまられるという事態が生じた。[21]表向きの理由はこの時期にミュンスターに最初の空襲があり、多くの住民が家を失ったということであった。焼け出された人々に緊急宿泊所を提供するためという口実で、役所の手先がゲシュタポに守られて修道院にやってきて、住居の明け渡しを命じた。

七月二十一日、ミュンスターのイエズス会修道院「ハウス・セントマリング」と「イグナチオ・ハウス」が没収されたという情報が入るとガレン司教が直ちに、途方にくれる修道士たちのところへ赴き、彼らのためにできうる限りのことをした。帰路、彼は同伴していった司教座聖堂参事会員のフランケンに、「もう黙っていることはできない」とつぶやき、その夜のうちに聖ランベルティ教会での日曜日に行う予定の説教の原稿を書き上げた。[22]

ところでイエズス会修道院の玄関前での司教のゲシュタポとのやりとりについては、会のブラザーの目撃証言があるが、その模様はおよそつぎのようなものであった。[23]ゲシュタポがやってきたとき、突然のことなので修道院側にとってはまったく思いよらぬことであった。しかし命令によれば司祭とブラザーはその日のうちの夜までには修道院を退出せねばならず、しかもヴェストフォーレン州とラインラント州の外に立ち去らねばならないというものであった。ゲシュタポとイエズス会士の間でやりとりが続いているそのとき、不意に司教が参事会員のフランケン神父とともに現れ、ほとんどあっけにとられているゲシュタポたちに向かって、「私がここで見聞きしたことは一体どういうことか、あなたがたは何も不審な点のないドイツ人にこのような扱いをするのか、法の手続きもなしに人を路上に放り出すのか。あなたたちの指揮官のこう告げなさい。『私、ミュンスター司教クレメンス・アウグスト・グラフ・フォン・ガレンが自らここに立ち会わせ、このような処置に厳重な抗議をする』と」。こう言い終わると彼はゲシュタポの人々を立たせたまま、旅立ちの用意を済ませた修道士たちに、教区におけるこれまでの熱心な協力に感謝しながら、思いやりに満ちた言葉を残して別れを告げた。

九　ヨーロッパを揺るがした三つの説教

一九四一年の夏は政府が喧伝する戦勝報告にもかかわらず、国内では連合国側の空襲を頻繁に受けるような状態にあり、ミュンスターも、立て続けに行われた五度にわたる激しい空襲で都心のかなりの部分が炎上した。

後に世間にあまねく知られることになる最初の説教は、空襲の恐怖の余韻がさめやらぬ七月十三日の日曜日、聖ランベルティ教会で、前日の修道院強制没収に対する政府への抗議をモチーフとして行われた。そのなかで司教は、裁判所の判決もなく法的訴訟手続きもなくしかも弁明の余地すらなしに、無実の者に対して行われたゲシュタポの懲罰的な処置は法意識（＝正義感）を徐々に低下させ、国家指導層に対する信頼を失わせるものであると語り[24]、ゲシュタポによる暴力的なやり方を非難している。そして「ゲシュタポの武力的優勢に対してドイツ国民は皆、無防備であり抗するすべもない……。われわれが、自分はきわめて忠実で良心的な市民であると自覚しているとしても、ある日、自宅から連行され、自由を奪われ、ゲシュタポの地下牢や強制収容所へぶちこまれることはありえないと確信をもてるものは誰一人としていないであろう[25]」と述べ、「それゆえに私はドイツ人として、恥じるところのない市民として、キリスト教の代表者として、カトリック司教として、声を大にして叫ぶ、われわれは正義を要求する。この叫びが聞かれず、聞き入れられないならば、わがドイツ国民とわが祖国は兵士たちの英雄的行動と誉れ高き勝利にもかかわらず、内部の腐敗と堕落により滅亡するであろう[26]」という言葉で締めくくっている。そしてこれまでの司教の言動は戦時下にあるドイツ国民の志気を弱めているというナチス側の日頃の批判に対しては、説教のなかで「国内戦線の弱体化があるとすれば、その原因は私にあるのではなく、戦時下であるにもかかわらず、そして激しい敵の空襲を受けた恐怖の一週間であったにもかかわらず、裁判も弁明の余地も与えずに無実の市民を苛酷に処罰する者、彼らこそ、国家指導層に対するわれわれの信頼を失わせる張本人である」[27]と応答している。

ところで説教の間、教会内が異常な興奮に包まれていたことを奇しくもＳＳ（ナチス親衛隊）の公安機関の報告書が伝えている。「司教自身も何度も目に涙を浮かべていた。修道院居所の没収に話がおよんだとき、ミサにあずかっていた人々がかなりの興奮状態になり、ブーイングの声が大きく沸き上がった。司教が回状を朗読したり、スピーチをしている間は、教会はさながら集会室のような様相を呈していた。司教が教会から退堂した後も、信徒たちは異常な程に興奮しきっていた」[28]。

八日後の七月二十日、司教はイーヴァーヴァッサー教会で二度目の説教を試みている。彼の抗議にもかかわらず再び他の女子修道院の強制没収が行われたからである。この説教ではそのような不正により国民共同体が崩壊してしまうということを強調している。「このような人々（ゲシュタポ）が合法的な政府当局の代理人としてわれわれに命令を下さざるをえないというのであれば、その限りでわれわれは彼らに従うであろう。しかし（彼らとのあいだには）志を同じくする共同体、すなわち、これらの教会迫害者、修道院の襲撃者たち、――彼らこそ抵抗する力もない婦女子を、われわれの最良の家庭の子どもたちを、われわれの修道女たちを、彼女たちの故郷ともいえる修道院から追いだしたのである。その修道院で彼女らは、場合によっては何十年も前から祈りと作業を通じてわれわれの国民のためにただひたすら良いことだけをしてきてくれた――、この迫害者との心の通った連帯感、心の連帯、そんなものはわれわれにはありうるはずがない」[29]。

「われわれはこれからも国外の敵と戦うであろう。しかし、われわれを苦しめ、われわれに暴力をふるう国内の敵に対しては、われわれは武器をもって戦うことはできない。われわれにはたった一つの戦闘用具しかない。それは強靭で、粘り強く、堅固な忍耐力である。われわれは目下のところ金槌ではなく金床である。鍛冶マイスターに聞いてみるがいい、そして彼にこう言わせるのだ。『金床は金槌よりも長持ちがする』と」。[30]

引用したこの箇所だけからでも、司教の生命を賭した気魄が伝わってくる思いがする。

三度目の説教は、二週間後の八月三日、再び聖ランベルティ教会で行われた。この説教で司教は、精神病院の患者の組織的殺人の事実を公にし、激しく非難している。一九四〇年から精神病院施設の患者が医師の委員会によって、表向き、不治の病であると認定され、特定の場所に集めて殺すために移送されているという確かな情報が彼の耳に入ったからである。説教のなかでフォン・ガレンは、刑法の規定二一一条「故意に殺人を犯したものは死刑に処せられる」および一三九条「生命にかかわる犯行の計画を十分に知っていたにもかかわらず、それを直ちに届け出なかったものは罰せられる」をそのまま引用し、ナチスの行っていることが殺人に当たるものであると明言している。そして司教は、自らは、マリエンタール（ミュンスターにあった精神病院）から患者を、殺すために移送するという企てを聞きおよぶや、七月二十八日にミュンスターの検察庁と警察本部長にこの事実を届け出たことを明らかにした。さらに、この組織的殺人は安楽死活動とよばれ、すでに七〇〇〇人ほどの患者が犠牲になっていることを報告した。説教の間、息を止めてじっと聞き入っていた聴衆から何度も拍手が湧き起こり、話を中断せねばならなかったということである。ナチスの安楽死計画が最終的にはドイツ国民にとっていかなる意味をもつものであるかを、彼はつぎのように述べている。「もし、人間には非生産的な人間を殺す権利があるということが、一度認められてしまうならば、――そして、それが今回はたまたまあわれな、抵抗することのできない精神病者にだけ起こったことだとしても――、原則的には、すべての非生産的な人間の殺人、つまり不治の病にかかった病人、仕事中の事故や戦傷による就業不能者の殺人、ひいてはわれわれすべて、つまりわれわれが年老い、老衰し、非生産的になってしまった場合、そのわれわれの殺人さえもが許されることになる。……そうすれば、われわれの誰一人として自分の命は大丈夫だと確信をもつことはもはやできないのである」。[31]

十　説教の反響

フォン・ガレン司教の三つの説教は、その都度、教会に居合わせた多くの聴衆によって、筆記され、それが信じられないような速さでドイツ全土、兵士たちの前線、ひいては海外にまで、人の手から手へと伝えられていった。その影響を予期しうるものは一人もいなかったのではなかろうか。国内の信徒はこの説教を読み、再び自信と勇気を得ることができた。たとえばイエズス会士レッシ神父は、ローマ本部にあてた手紙のなかで、つぎのように述べている。「ガレンの説教は、多くの人の話によれば、想像もつかない範囲にわたって広まっていった。彼の勇気と率直さ、そして宗教者としての姿勢は、あらゆる路線のあらゆるサークルで、人権と人間倫理の擁護者としての教会の名声をことのほか高め、あれほど多くの司教たちの沈黙によって何百万という人々の肩に重くのしかかっていた暗い気分をいくぶんかはやわらげたと言える」。[32]

一人のドイツ軍大佐が一九四一年の八月十六日に、ベルリン・シャロッテンブルグから司教宛てに感謝の手紙を寄せているが、そのなかでプロテスタントの信者にも深い印象を残したと述べた後、つぎのように感謝の気持ちをしたためている。「プロテスタントの信者として、私はあなたに、むろん私の信仰上の同志の意味においても、この恐るべき時代に、キリスト教に対する男らしいエールを送ってくださったことに感謝いたします」。[33]

また、インゲ・ショルが『白バラ』のなかで書いているように、ショル兄弟と彼らの仲間が抵抗運動とビラ配布活動に乗り出す決心の大きなきっかけになったのは、ミュンスター司教の説教であった。インゲはこの本のなかでつぎのように語っている。「一九四二年の春、私たちは再び郵便受けにヘクトグラフで複写した手紙が入っているのを見つけた。その手紙にはミュンスター司教、グラフ・フォン・ガレンの説教の書き抜きが載っていた。その説教には何か勇気と誠心といったものが満ちあふれていた。『われわれには今はっきりと、新しい教義の背後に潜んでいるものが何であるかが分かった。この教義は、ここ数年来われわれに押しつけられ、われわれの学校から宗教を追い払い、教会内のさまざまな団体を弾圧し、今度は幼稚園をなくしてしまおうとしているものだが、この教義の背後にあるものが何かといえば、（ナチスが）つぶしてしまいたくて仕方がないキリスト教に対する底知れぬ憎しみである……』このパンフレットを読んだ後、ハンスは興奮していた。……しばらくの間、彼は物思いにふけったようにその印刷物を眺めていたが、やがて言った、『どうしても印刷機を手に入れなければならないな』」(34)。

処刑されたハンスとソフィーのショル兄弟の例からも分かるように、ナチスの目を逃れて、ガレンの説教をひそかに広めていくという行動にかかわることは、身の危険をともなう行動であった。もし発見されれば国家反逆罪の判決を受け強制収容所に送られ、場合によっては処刑されることを覚悟しなければならなかった。実際、多くの聖職者や信徒がこの件で逮捕され、強制収容所へ送られたり、死刑の判決を受けて犠牲者となったのである。たとえばリューベックではハンブルグの助任司祭、ヨハネス・プラセック、同じくレーアのヘルマン・ランゲ、同じくノイミュンスターのエドワルド・ミュラー、そしてミュンスターのプロテスタント牧師ステルブリンクが逮捕され、死刑を宣告された。

十一　ナチスの反応とガレンの立場

ナチスやゲシュタポはグラフ・フォン・ガレンの説教がミュンスターラントの住民におよぼした影響をどのよう

に受け止めていたのであろうか。一九四一年七月三十一日の公安警察の視察官の報告書はつぎのように述べている。「クレメンス・アウグスト司教の教書の公表により、一部のカトリック市民のあいだに著しい不穏な動きが現れた。とくにこの公表で、修道院を閉鎖したという事実が一般的に知られるところとなり、市民の中に激しい議論を惹き起こしている。ドイツ国民すべてが一様に悩まされているこの苦境の時期に、そのような措置によって、一部の市民だけを傷つけたりすべきではない、と言ったりしている。それは多くの人々へのいやがらせと受け取られている」[35]。他の報告書はガレンの説教のなかでの仮借のないナチス政権に対する攻撃を報告後、「司教の言動は重大なる国家反逆罪である」[36]と評している。したがって説教の行われた数日後にナチス宣伝省で協議が行われ、一九四一年八月十二日に党官房長ボルマンに渡された提案書には、「目下のところ、唯一の手段つまり司教を絞首刑にするしか手はあるまい」と記されていたということは、驚くに足りない[37]。それにもかかわらず、何故に、実際にはガレンの上に、司直の手がのびなかったのであろうか。

ガレン自身もナチス政権やゲシュタポへの公然たる批判が、反逆罪とみなされ、死刑に処せられる可能性があることを十分に承知していた。それゆえ、彼は七月十三日、説教を行う前に助任司祭に自分が逮捕された場合は、刑務所に自分の衣類と下着をもってくるように指示しているのである。しかし一九四一年にも、その後にもゲシュタポは司教に危害を加えることはなかった。実は政府は司教を逮捕などすれば、住民側からの激しい抵抗運動が起こるであろうということを恐れたのであった。ゲッペルスすら、司教を罰したならばミュンスターはいうにおよばず、ヴェストファーレン全域で兵役動員を諦めなければならないだろうと考えていた[38]。むろん、ガレンの煽動は国家総動員の見地からすれば、水を差すような行為であり、ゲッペルス自身腹に据えかねる問題である。しかし、今、苛酷な措置を実施すれば、国民にとっては心理的に耐えられることではない。しかし戦争が終わればきちっと清算させてもらう、彼はそう考えていた[39]。ヒットラー自身の考えも基本的にゲッペルスの路線にそうものであり、ガレンに対する処置は終戦まで見送るという方針が確認された。

ナチス側の思惑はむろんフォン・ガレン司教の知るところではないし、彼が逮捕される代わりに、説教の伝播をめぐって、多くの聖職者や信徒に犠牲者が出たことは、彼自身が殉教を覚悟していたという事実とは別に、司牧者としての彼の大きな十字架の一つになったことであろう。

実際に生じた説教の効果は、ガレンがあらかじめ予想していたものではなかった。想像もおよばない範囲にわたって、多くのキリスト者を力づけ、信仰にとどまらせたことも、彼の予想を越えていたはずだ。ナチスの目にあまる教会迫害と人権蹂躙を目の前にして、彼自身が言うように、人間として、キリストを信ずる者として、救いを求める人々を擁護すべき責任ある立場の人間として、宗派を問わず、迫害され苦しむ人を救わなければならないという使命感から、司教としての権限において、彼は政府に対して、当然のことを正々堂々と言っただけのことである。そしてそうした行動は司教といえども、生命の危険を伴った勇気あるふるまいであった。ともかく、彼は現状を救済したかった。家を追われた修道者、罪もなく殺された精神障害者を黙視できなかった。教会へのあらゆる弾圧を黙視できなかった。それが説教の形で表現された。

ヒットラーとナチスが計画していたことは最終的には教会の存続を不可能にすることであった。組織としても、その思想、精神にしても、ナチスの構想する全体主義国家の形成に最大の障害となったからである。

恐らくガレンの功績を要約するならば、ドイツ全土のキリスト者に、信仰における団結を目覚めさせた点であろう。まさに打たれても壊れることのない金床の鋳造こそ、ガレン自身は知らずして、為し遂げたことではなかったか。そして、それこそは教会存続の要ともなることであった。

注（1） J.M. Mayeur, C. Pietri, A. Vanchez, M. Vanard (Hrsg.), *Die Geschichte des Christentums Band 12. Erster und zweiter Weltkrieg, Demokratien und Totalitäre Systeme*, Freiburg 1992, S. 649

（2） Vgl., G.V. Room, *Widerstand im Dritten Reich*, München 1979, S. 161

（3） Vgl., G. Beaugrand, *Kardinal von Galen, Der Löwe von Münster*, Münster 1996, S. 22

（4） a.a.O., S. 23

（5） a.a.O., S. 23

（6） Vgl., J.M. Mayeur, S. 693

（7） a.a.O., S. 696

（8） J. Kuropka, Leistete Clemens August von Graf Galen Wiederstand den Nationalsozialismus?, in: J. Kuropka (Hrsg.), *Clemens August Graf von Galen, Neue Forschung zum Leben und Wirken des Bischofs von Münster*, Münster, 1993, S. 375

（9） 詳しくは、Vgl., H. Portmann, *Kardianl von Galen, Ein Gottesmann seiner Zeit*, Münster, 1978, S. 9-87

（10） G. Beaugrand, S. 30

（11） a.a.O., S. 31

（12） J. Kuropka, "*Zur Sache–Das Kreuz! Untersuchungen zur Geschichte des Konflikts um Kreuz und Lutherbild in den Schulen Oldenburgs, zur Wirkungsgeschichte eines Massenprotestes und zum Problem nationalsozialistischer Herrschaft in einer agrarisch-katholischen Religion*, Vechta, 1986

（13） L. Volk, Die Enzyklika "Mit brennender Sorge", in: Ders., *Katholische Kirche und Nationalsozialismus* S. 34-55, H.A. Raem, *Pius XI. und der Nationalsozialismus. Die Enzyklika "Mit brennender Sorge" vom 14 März 1937*, Paderborn 1979; D. Albrecht, *Der Notenwechsel zwischen dem Heiligen Stuhl und der deutschen Reichsregierung, I: Von der Ratifizierung des Reichskonkordats bis zur Enzyklika "Mit brennender Sorge"*, Mainz, 1966, S. 404-443 (Vergleich des Entwurfs Faulhabers mit der Endfassung)

（14） Vgl., G.V. Room, S. 117

（15） Vgl., a.a.O., S. 118

（16） Vgl., W. Adolpf, *Geheime Aufzeichnung aus dem nationalsozialistischen Kirchenkamp 1933-1943*, Mainz,

1979, G. Beaurand, S. 36

(17) Vgl., K. Meier, *Kirche und Judentum. Die Haltung der evangelischen Kirche zur Judenpolitic des Dritten Reiches,* Halle (Saale) Göttingen, 1968. Ders., Evangelische Kirche und "Endlösung der Judenfrage". Zum Gegenwartsstand der historiographischen Diskussion, in: W. Stegemann (Hrsg.), *Kirche und nationalsozialismus,* Stuttgart, 1990; E. Busch, *Juden und Christen im Schatten des Dritten Reiches. Ausätze zu einer Kritik des Antisemitismus in der Zeit der Bekennenden Kirche (Theologische Existenz heute, Nr. 205),* München, 1979; L. Volk, Episkopat und Kirchenkampf im Zweiten Weltkrieg, II: Judenverfolgung und Zusammenbruch des NS-Staats, in: Ders., *Katholische Kirche und Nationalsozialismus* S. 98-113; B. van Schewik, Katholische Kirche und nationalsozialistische Rassenpolitik, in: Gotto-Repgen, *Kirche, Katholiken, Nationalsozialismus* S. 83-100

(18) J.M. Mayeur (Hrsg.), S. 701

(19) 詳しくは Vgl., H. Mussinghoff, *Rassenwahn in Müunster-Das Judenpogrom und Bischof Clemens August Graf von Galen,* Münster, 1989

(20) Vgl., G. Beaugrand, S. 38

(21) Vgl., a.a.O., S. 38

(22) Vgl., a.a.O., S. 40

(23) Vgl., a.a.O., S. 40

(24) Vgl., M. Bierbaum, *Kardinal von Galen, Bischof von Münster,* Münster, 1947, S. 36

(25) H. Portmann, S. 339

(26) a.a.O., S. 344

(27) a.a.O., S. 344

(28) J. Kuropka (Hrsg.), S. 380

(29) H. Portmann, S. 380

(30) a.a.O., S. 352

（31） a.a.O., S. 360-361
（32） G. Beaugrand, S. 41
（33） a.a.O., S. 42
（34） a.a.O., S. 48
（35） a.a.O., S. 46
（36） a.a.O., S. 46
（37） Vgl., M. Bierbaum, S. 40
（38） Vgl., G. Beaugrand, S. 48
（39） Vgl., a.a.O., S. 48

おわりに

社会における宗教の機能は、宗教社会学における主要なテーマの一つであるが、現代社会で世俗化が著しく進行する状況のなかで、人々の信仰心や宗教生活が失われていく事実が明らかになった今、問われているのは宗教そのものが人間にとって不可欠なものなのか、社会が宗教なしに存立しうるのかという問題である。この問いは確かに今のところ先進諸国に向けられてはいるが、社会の発展にともなう必然的現象なのだと解すれば、全人類に向けて発せられていることになる。

もっとも、そもそもはじめから宗教に関心がなく、宗教とは無縁な生活を送っている人々にとっては、この問いは興味本位に取り上げられることがあっても、社会の存立や人間の実存を脅かす深刻な問題として認識されることはない。しかし信仰者にとっては、客観的な考察対象として取り組めば事足りるというような問いではない。彼岸の世界も現実と認識する自己の世界観が根底から脅かされる問いかけだからである。

筆者の場合、自らがキリスト者であるという立場から、この問いには常に実存にかかわる問題として立ち向かわざるをえなかった。しかし現代社会を社会学的見地から観察すればするほど、理想に向けて構築され続けてきたはずの社会システムの不完全性が眼についてくる。それは人間の力ではどうすることもできない自らの限界とその人間によって築かれていく社会や文化の限界である。その限界を補い、完成へと導くものとして、というよりは本来あるべき姿へ導くものとして超越的世界が改めて筆者の視野に入ってきたのである。

しかしながら超越的世界そのものは人間の悟性をもってとらえられるものではない。思考と理性を超えた瞑想の世界であり、信仰の世界なのだ。信ずるとは、文字通り信ずる行為であり、極論すれば信を助けるいかなる理性的働きもありえない。信は人間の他のあらゆる精神的行為から超然として独立し、信のもつ力のみで見えぬ世界の実在を肯定する。その信のとらえた実在を、理性が証明することができなくとも反論することができない場合、それこそが真の信仰であり、迷信や盲信ではない。そこにあるのは超越者ないしは超越的世界との出会いであり、出会いを待ち望んできたその人間に思いがけない形で恩恵として与えられる。筆者の理解では、宗教とはそのような信の世界の営みであり、人間と人間の世界があるべき姿をとるために不可欠なものである。宗教の本質をそのように理解するとき、現代社会こそが宗教を切望しているように思えてならない。

本書で取り上げたテーマは、筆者がそうした思いを根底にいだきながら、これまで雑誌や紀要に執筆してきたものだが、執筆順序にはとらわれず、内容的には総論から各論へという形でまとめてみた。ただし執筆にかかわってきた二十年近くの間に、日本の経済事情は激しく変化し、将来への不透明さが著しく増大している。豊かさももろい経済的基盤の上になりたっていたということになるが、まさにこの現状において超越的世界の意義が問われている。最後の章のグラフ・フォン・ガレン司教に関する論文は、本書のなかではやや異質な内容だが、筆者がミュンスター大学の神学部で、イザロー教授の教会史のゼミに参加した際、彼の生涯と活動を知り、その後個人的に研究してきた成果をまとめたものである。ナチスの政策の背景には、ローゼンベルクの『二十世紀の神話』にも示されている通り、民族主義を宗教にまで押し上げ、結果的にはキリスト教を排除するイデオロギーが厳然としてあり、その精神は戦争中だけではなく戦後ですら、ドイツ、ひいてはヨーロッパに影響をおよぼし、世俗化を推進したと考えざるをえない。ガレンはこうした潮流に強く抗議し、信仰心を擁護した点で、現代の預言者役割を担っており、本書の締めくくりにふさわしいと考えた。全体では必要な個所で、修正・削除・増補を行ったが、初出はつぎのとおりである。

おわりに

現代における神の場　（『日本学』５号　１９８４年10月）
日常的世界の極限　（『世紀』４８６号　１９９０年11月）
「神の支配」の現実性　（『世紀』５０８号　１９９２年９月）
創造的人間と日常性　（『世紀』４６４号　１９８９年１月）
消費社会の構造的不安　（『世紀』４９４号　１９９１年７月）
社会の組織化と個人の能力　（『世紀』４７３号　１９８９年10月）
地球社会と時代の転換　（『世紀』４５０号　１９８７年11月）
「豊かな社会」の倦怠　（『世紀』４５５号　１９８８年４月）
「消費」に見る豊かさの虚構　（『世紀』５１６号　１９９３年５月）
まず「見ること」を学ばねば　（『世紀』４７７号　１９９０年２月）
世界社会の視野における平和　（『世紀』５０１号　１９９２年２月）
近代社会の合理的精神と『モモ』に描かれた時間　（『広島女学院大学　一般教育紀要』創刊号　１９９１年12月）
ナチス政権下における教会の対応とグラフ・フォン・ガレン司教の抵抗運動　（『広島女学院大学論集』48号　１９９８年12月）

本書の出版に際しては溪水社の木村逸司社長に多大な力添えを賜り、広島女学院大学からは二〇〇一年度の学術図書出版助成を頂くことができた。ここに記して深甚な謝意を表するものである。

二〇〇二年二月十八日

大里　巖

著者略歴

大　里　　　巖（おおさと　いわお）

1938年生まれ
慶應義塾大学法学部法律学科卒業
アデナウアー財団奨学生としてドイツ留学
ミュンスター大学で新聞学、カトリック神学を専攻
ミュンスター大学大学院文学部新聞学科にてマギスター学位取得

現在　広島女学院大学文学部人間・社会文化学科・教授

専攻　社会学（マス・コミュニケーション論、宗教社会学）

著書『マス・コミュニケーション理論と社会的現実』（2001年、溪水社）

現代社会と超越的世界

2002年３月30日　発行

著　者　大　里　　　巖

発行所　㈱ 溪 水 社
広島市中区小町１－４（〒730-0041）
電　話（082）246－7909
ＦＡＸ（082）246－7876
E-mail:info@keisui.co.jp

ISBN 4-87440-690-4　C1016

大里巖著（渓水社刊）

『マス・コミュニケーション理論と社会的現実』

コミュニケーション理論の知見はいうなればジグゾーパズルの一片のようなものであり、社会現象における一局面のコミュニケーションを解き明かしていることは確かだが、コミュニケーション理論全体で社会の現実、とりわけコミュニケーション行動のありのままの姿を描き出すという面では、理論自体の検証を必要としているのである。つまり理論をそのまま現実に適用しうるのかという問題を投げかけているのである。筆者は現在、社会学の分野で注目され、かつ評価されているコミュニケーション研究の知見をとりあげながら、以上に述べた関心に基づいて自分なりの考察を試みてみた。（本書「はじめに」より）

▼目　次▲

第三章　マス・メディアの効果研究の社会的成果
——バッド・ゴーデスブルグにおけるシンポジウムの議論をめぐって——
論点と概要、効果研究の無力性、無力性の真因をめぐる論議、効果概念の拡大、今後の課題、シンポジウムの意義

第四章　活字メディアに対する映像メディアの影響
予想された映像メディアの脅威と現実的展開、活字メディアの映像化、テレビに対する新聞の対応、「活字ばなれ」の実態、活字文化の意義、活字メディアの復権のために

第五章　システム理論と世論の機能
——N・ルーマンの「テーマ化」機能の考察——
古典的世論概念の崩壊、新しい世論の概念と機能、世論の「テーマ」化機能、マス・メディアの機能、実証的研究との関連、討論による意見形成の可能性、テーマとしての世論への疑義

第六章　宗教の受容過程とコミュニケーション
——日本におけるキリスト教の場合——
宗教的態度受容の契機としてのコミュニケーション、コミュニケーション・インフルエンスに関する理論、宗教の受容過程におけるコミュニケーションの役割、オピニオン・リーダーとしてのキリスト者

Ａ５判二二四ページ、上製本カバー付、本体二六〇〇円